朱棣传

商传 著

作家出版社

图书在版编目（CIP）数据

朱棣传 / 商传著. — 北京：作家出版社，2019. 3（2022.5 重印）

ISBN 978-7-5212-0441-4

I. ① 朱… II. ① 商… III. ① 明成祖（1360-1424）— 传记 IV. ①K827=48

中国版本图书馆 CIP 数据核字（2019）第 050670 号

朱棣传

作　　者： 商　传

责任编辑： 丁文梅

装帧设计： 蒋宏工作室

出版发行： 作家出版社有限公司

社　　址： 北京农展馆南里 10 号　　**邮　　编：** 100125

电话传真： 86-10-65067186（发行中心及邮购部）

86-10-65004079（总编室）

E-mail:zuojia@zuojia.net.cn

http://www.zuojiachubanshe.com

印　　刷： 北京中科印刷有限公司

成品尺寸： 145 × 210

字　　数： 139 千字

印　　张： 8

版　　次： 2019 年 4 月第 1 版

印　　次： 2022 年 5 月第 3 次印刷

ISBN 978-7-5212-0441-4

定　　价： 38.00 元

序言

永乐盛世

去北京明十三陵的人，一定要去那里的第一陵——长陵看一看。这座陵墓里埋葬着本书的主人公——明朝的第三位皇帝——永乐皇帝朱棣。如今在长陵的大殿里可以看到一尊朱棣的铜坐像——他身穿龙袍坐在皇帝宝座上，留着长胡须，十分威严。这尊雕像不是凭空创作的，而是按照历代帝王画像雕刻的。

在当时来中国的外国使臣们的游记中，有关于朱棣长相的记述。永乐十八年（公元1420年）岁末，朱棣迁都北京前夕，一批来自中亚的使臣拜见朱棣，他们记下了朱棣的样子——“中等身材，面不过大，亦不过小。有胡须，约二三百茎，分三四卷，长达于胸”，这些胡须被放到朱棣胸前的一个很精致的小缎袋中，气宇轩昂。

那么，应该怎样评价这位威严的皇帝呢？可以说，朱棣是一个毁誉参半的历史人物。有人说他功业卓著，“远迈汉唐”；有人说他是杀人魔王，“暴于嬴秦”。

朱棣和秦始皇确实有不少相似之处。秦始皇统一全国后干了一件引起后人强烈诟病的事情——焚书坑儒；朱棣当了皇帝之后，杀了不少文臣，也遭到许多人的批评。朱棣和嬴政还都是中国历史上为数不多的没有死在皇宫中的皇帝：秦始皇死在出巡途中，朱棣死在出征途中。

汉武帝的主要功绩是对付北方匈奴，并且取得了胜利，他还派了张骞出使西域。与之相较，朱棣不但派遣武将出征北方，还亲自率师出征；此外，他在西北设立了哈密卫，在东北设立了军事机构奴儿干都司。

朱棣最喜欢以唐太宗自诩，因为他跟唐太宗一样，都是靠发动政变夺取了皇位；唐太宗成就了“贞观之治”，朱棣也打造了“永乐盛世”。

起初，朱棣的庙号是“太宗”，即明太宗。所谓庙号，是指把皇帝的牌位放到太庙去的时候，牌位上面写的名号。一般来说，开国皇帝叫“太祖”，继承开国皇帝事业的叫“太宗”。可是因为朱棣在明朝历史上的地位太重要了，他不仅继承了朱元璋的开国事业，还有开创之功，所以他的后世子孙明世宗嘉靖皇帝就把他的庙号改成了“成祖”，成了明朝的二祖。

永乐皇帝朱棣的一生可总结为“三多”。

“第一多”是历史之谜多。在朱棣的身上有许多至今也无法解开的谜团，比如他的生，他的生身母亲到底是谁。传说朱棣夺位当了皇帝以后，在当时的京城修建了一座大报恩寺。这座寺庙内有一座正殿，平日大门紧闭，老百姓不能随便进去，所以不知道里面到底供奉着什么。直到清军入关，明朝灭亡，它的神秘面纱才被揭开。原来里面供奉的是碽氏的牌位。朱棣修大报恩寺，是想报生母碽氏的生育之恩。

再比如他的死。皇帝死在外面，在当时实在是一件突发的大事，最害怕的就是引发政局的不稳定。所以朱棣死的时候秘不发丧，等到朝中的事情安排得差不多了，才公布消息。按照史料记载，朱棣死后埋葬在长陵之中。可是有人爆料说，朱棣并没有埋葬在这座陵墓中，他是在出征打猎时被野兽咬死的，尸体也被野兽叼走了，长陵其实只是他的衣冠冢。明朝有位诗人区大相写诗说：

文皇鼎成后，此地葬衣冠。

“文皇”，指的就是朱棣。

关于这些问题，野史笔记中有着与正史不同的记载。

“第二多”是朱棣干的事情多。

首先，他组建了最伟大的船队，派郑和七下西洋，一直航行到非洲东海岸；他还派陈诚出使西域。为了维护国家的稳定和统一，朱棣曾亲自率领军队五次北征，北方至今还流传着“燕王扫北”的故事。朱棣把国都从南京迁到了北京，并且重新修建了北京城和北京的宫殿。为了保证国都北京的供应，他还疏通大运河，利用运河开展漕运，使运河成为重要的南北运输大动脉。

朱棣的眼界与谋略并未局限于对中原地区的保护和发展，他还关注边疆的长治久安。例如，他在东北设立了奴儿干都司卫所、在西南开设了贵州省、在今越南北方开设了交阯省。此外，他还利用对于宗教的尊崇，加强了对西藏地区的控制。

比起“武”，朱棣在“文”上也有建树。他重视文化事业，下令修纂的《永乐大典》是中国历史上最大的一部类书。朱棣修纂《永乐大典》并非出于文化专制的目的，而是为了保留更多的史书，为后人所用。

朱棣的“第三多”是争议多。

首先是他得位不正。他并不是朱元璋选定的皇位继承人。朱元璋选定的继承人是当时的皇太孙，朱棣的亲侄子朱允炆。人们常说“成者王侯败者贼”，朱棣虽然夺位当上了皇帝，可是被他赶下台的建文帝朱允炆并没有被视为“贼”；反倒是朱棣，为了证明自己夺位有理，大肆杀戮，因而背上罪名。

引发争议的第二个原因是他的统治手段。朱棣为了加强对全国官吏、军民、百姓的统治，利用宦官设立了东厂。什么是东厂呢？就是由宦官设立的一个侦缉天下官员、军民、百姓的特务机构。这个机构比锦衣卫还厉害，想抓谁就抓谁。就连他派出去调查别人的官员，其实也在他的秘密调查之中。

所以说，朱棣是谜团多、做事多、争议多的“朱三多”。

目录

第一章

生母之谜

1. 生逢乱世

元至正二十年（公元1360年）的四月十七日，朱棣出生在应天府。他出生的情况，被后人描述得十分神奇——云气满室，光彩五色，照映宫闼，连日不散，这些都被看作朱棣以后当皇帝的吉兆。中国古代有一个传统，凡是名人、富贵之人，出生时必定有不同于平常人之处。这些迷信说法，都是人为制造或者附会的。

那么朱棣出生时到底是什么样的情形呢？当时他的父亲朱元璋还没有取得天下，只占据着应天府以及周边和浙江一部分地区。出生在这样的家庭里，朱棣当然算得上富贵公子。他是朱元璋的第四个儿子，上面有三个同父异母的哥哥。那么，朱棣的生母是谁呢？

关于这个问题，《明史·成祖本纪》中是这样记载的：

……太祖第四子也……母孝慈高皇后。

也就是说，他的父亲是明太祖朱元璋，生母是孝慈高皇后，即朱元璋的原配马皇后。

朱元璋投奔红巾军首领郭子兴的时候，马氏是郭子兴的养女。郭子兴很看重朱元璋，就把养女马氏许配给了他。多年以后，朱元璋当了皇帝，马氏也就顺理成章地成了马皇后。那么朱棣究竟是不是马皇后生的呢？虽然正史中有记载，但正史往往会有意掩盖一些历史的真相。关于朱棣的生母，有着一段曲折的隐情。

2. 人间悲剧

许多历史学家都对朱棣的生母做过考证，考证的结果是朱棣的生母很可能是一位蒙古族的女性——碽氏，也有传说说她姓翁吉剌氏或者翁氏。因为“翁”“碽”发音相近，说的有可能是同一个人。

虽然碽氏在史书中没有留下什么记载，但是她确实曾得到过朱元璋的喜爱。她怀孕生朱棣的时候，正是朱元璋跟陈友谅、张士诚争夺天下最为激烈之时。朱棣刚满月，就发生了朱元璋和陈友谅之间的龙江战役，后来又发生了决定生死的鄱阳湖水战。在战事频仍的情况下，朱元璋跟她生下朱棣，可见朱元璋和她是十分亲近的。

可是这位碽氏命运挺凄惨的，传说她生下儿子后便被赐死了，而且还曾受过铁裙之刑，死后连名分都没有。

这样一来，就有了一些关于朱棣生母的传说。例如说她本是元顺帝宫里的一个宫女，被朱元璋看中后六个月就生下朱棣。这显然说明朱棣不是朱元璋的儿子。按律她和朱棣都得受极刑，多亏马皇后仁慈，收养了朱棣。朱棣的生母在临死前把一幅自画像交给朱棣的乳母，让她等到朱棣成年后再告诉他自己的身世。朱棣长大当了燕王后，乳母把他生母的画像交给他，朱棣才知道自己的身世，于是引出他起兵夺位之事。这些传说，虚虚实实，真假难辨。其中最为可信的一点就是朱棣不是马皇后所生。

可是这个传说又引出了一个令人费解的问题：如果朱棣的生母碽氏真的曾经是元顺帝宫中的宫人，那她是怎么来到朱元璋身边的呢？那时候朱元璋还没有攻打下元大都。再加上当时战火连绵，一位弱女子是如何只身抵达南京来到朱元璋军中的呢？

称帝前，除了马皇后之外，朱元璋还娶了几个妃子。虽然她们也不都是被明媒正娶的，但各有各的来历。传说朱元璋打了败仗后，到一老百姓家避难，跟这家的女儿过了一夜，临别时留下一个旧梳子作为信物。后来朱元璋当了皇帝，这女人带着儿子找朱元璋认亲。这个儿子就是后来的代王朱桂。朱元璋的妻妾中像孙贵妃就是元末避乱扬州时被义军元帅掠得，认作义女，后来嫁给朱元璋的。还有胡妃，她守寡在家，被朱元璋看中。甚至还有传说称朱元璋打败陈友谅后，把陈友谅的妃子娶进门来。这些“八卦”虽然五花八门，却多少都有记述。只有这位碽氏，像空降兵一样，一点记述都没有。她会不会是朱元璋手下抢来的呢？

元末群雄纷争之时，军纪普遍比较差。无论是元朝军队还是地方割据势力，烧杀掳掠是家常便饭。更让人震惊的是，有的军队甚至掳掠人口充当军粮，把“吃女人”叫作“不羡羊”，就是说女人的肉比羊肉还好吃；把“吃小孩”叫作“骨烂”，意思是可以连骨头一起吃；“吃成年男子”叫“添把火”，因为肉老，不易煮熟，得添柴加火才能煮熟。而朱元璋的军队在当时算是军纪最好的了，所以在一定程度上得到老百姓的拥护。可他的军队也抢人，抢来女人为妻妾，抢来男子做壮丁。

不过还有这样一种可能。元朝在地方上设置的官吏，一把手叫作达鲁花赤，都是由蒙古人或者色目人充任。汉族和其他中原民族的人被分为北方的汉人和南方的南人，汉人和南人只能当小官，再有本事，也只能当地方官吏的副职。元末农民起义爆发后，一些达鲁花赤就成为义军们打击的主要目标。因为战争，交通阻隔，他们中有的人就和家属一起滞留江南，回不去北方了。按照当时的状况推测，朱棣的生母可能就是这样的一个蒙古族家庭的女儿，落到了朱元璋的手中。

3. 亲情难顾

中国古代实行的是一夫多妻制，一个男人可以娶几个老婆，所生的子女，也就有嫡庶之分。大老婆生的叫嫡出，小老婆生的叫庶出。虽然都是兄弟姐妹，但嫡庶有别，在家庭中的地位与待遇是大不一样的。

朱棣夺位当了皇帝以后，专门让人编写了一部书，叫《奉天靖难记》。书的开头说：

> 今上皇帝，太祖高皇帝第四子也。母慈孝高皇后，生五子，长懿文太子，次秦王，次晋王，次今上皇帝，次周王也。

到了再修《天潢玉牒》时，又改说马皇后亲生子二人，只有朱棣和周王，还有宁国公主、安庆公主也是马皇后所生，太子朱标、秦王、晋王又变成“诸母所生”了，其余诸王，则说是“皇妃所生”或者“皇贵嫔所生”“皇贵人所生”“皇美人所生”。这样一来，只有朱棣生母的等级最高。

如果真如朱棣在《天潢玉牒》中说的那样，只有他跟周王是马皇后的亲生儿子，那么按照明朝的嫡长子继承制，他才是太子，而不是老大朱标。因为朱标虽然年长，却是“诸母所生”，不是马皇后生的，不能算是嫡出。真是欲盖弥彰啊。

其实马皇后从未生育过，太子朱标、秦王和晋王，都不是马皇后所生，而是李淑妃所生。朱棣和周王朱橚也不是马皇后所生，只是他们自出生起，就由马皇后抚养。等到长大成人，才慢慢知道了一些情况，可是谁也不敢去问，也不敢讲。

朱棣为夺取皇位，杀人如麻，他甚至可以被评为中国历史上杀人最多的皇帝之一。那时候的他几乎杀红了眼，绝对是顺之者昌，逆之者亡。可是到了要认自己的生母时，他却遮遮藏藏，欲盖弥彰，软弱得让人难以理解。这其中的原因不外乎这几点：

首先为了保皇位。朱棣登基被视为篡位，名不正则言不顺，他要想保住皇位，就得想尽办法证明自己登上皇位具有合法性。如果他承认自己是庶出，这皇位是不容易坐稳的。

其次是争正统。马皇后是皇后，说是她生的，自然就是正统了。同时也可以为夺权找到借口——朱元璋原本是想把皇位传给朱棣的，只是因为有人出坏主意，才传给了皇太孙朱允炆。

最后怕舆论、要面子。朱元璋是从蒙古族统治者手中夺得天下的，当时元朝残余势力虽然退到大漠以北，可仍然苟延残喘地与明朝对峙，双方还在打仗。朱棣若承认是碽氏所生，就等于承认自己是蒙古族的后代。《天龙八部》中的萧峰就因为是契丹人的儿子，才不被中原武林所容。

朱棣不公开认生母一事虽然有许多历史原因，但主要还是因为在他的眼里，皇帝宝座重于亲情。从小浸染权欲的朱棣，终究无法摆脱权力这枚糖衣炮弹的利诱。

第二章
封藩燕王

1. 嫡庶有别

多年来，朱元璋一直在打仗，也顾不上他的儿子们。他本来是个放牛娃，后来当了和尚，又还俗从军，对于社会上流阶层的礼数，既不大懂，也不大在意。可是今非昔比了，他马上就要成为大明朝的开国皇帝了，那些之前不怎么在意的礼数全都得高度重视起来。于是有一天，朱元璋来到太庙，祭告祖宗，为自己的儿子们起名字——长子叫朱标，老二叫朱樉，老三叫朱棡，老四叫朱棣，老五叫朱橚，老六叫朱桢，老七叫朱榑。

从朱元璋给自己的儿子起的名字中可以发现一个特点，即这些名字都是木字旁。过去取名，往往会取一个统一的字，即某字辈；或者都取一个火字旁、水字旁的字。皇家给孩子取名就更加讲究了。朱元璋希望明朝伟业代代相传，子子孙孙无穷无尽，所以事先选了二十个字给各个儿子，每代起名字时用一个字。比如太子朱标的后代用“允文遵祖训，钦武大君胜，顺道宜逢吉，师良善用晟”，燕王朱棣的后代用“高瞻祁见祐，厚载翊常由，慈和怡伯仲，简靖迪先猷”。用完这二十个字，就再选二十个字。名字中的第二个字，就按火、土、金、水、木五行排列选择。朱元璋的儿子的名字都从木，因为木生火，所以孙子的名字都从火，有个火字旁；而火生土，曾孙一代的名字都带土字旁；然后土生金，再下一代的名字就从金；金生水，金后面一代从水；然后再从木，开始新一轮的循环，周而复始。

这其实只是朱元璋的美好理想，明朝虽然延续了两百七十六年，最终还是灭亡了。这“金木水火土”，只转了两圈。

朱元璋登基这一年，朱棣八岁，正好夹在七个弟兄中间——上面有三个哥哥，下面有三个弟弟；他又没有特别引人注意的地方，所以他不算是朱元璋最喜欢的儿子。

要说朱元璋最喜爱的儿子，非太子朱标莫属。朱标不仅是老大，将来要继承皇位，而且他也确实有点长兄的样子，对兄弟们关爱有加，而且知书识礼。他唯一的不足就是处理事情太过仁厚，这让朱元璋有点不大放心。

除了太子朱标，朱元璋还喜欢老三晋王朱棡和第十七个儿子宁王朱权。关于晋王有这么一个故事。晋王在前往藩国太原的路上对伙食不满，打了厨师。朱元璋知道后，赶快派人用快马送给他一封密信，信中说：我率众平天下，从不姑息部属。唯独厨师徐兴祖，跟了我二十三年，从来没有被折辱过。为什么呢？因为他是我的厨师，在我吃的饭里下点毒实在太容易了。仇怨不在大小，你要懂得这道理呀！至于宁王朱权，朱元璋把他封到北方重镇大宁，并将军政大权交给他，史书中称：

> 带甲八万，革车六千，所属朵颜三卫骑兵，皆骁勇善战。

朵颜三卫是当时蒙古族的一支，活动于大宁一带。蒙古族以游牧骑射为生，以勇敢善战著称。朱权被分封到大宁后，这些蒙古族骑兵就由他控制了。如此一来，宁王的军力就比其他藩王强大得多。由此可见，朱元璋对宁王喜爱有加。

2. 藩王守边

洪武三年（公元1370年），朱元璋首次分封藩王。这时朱元璋已经有了十个儿子，除老大被封为太子外，其他九个儿子分别被封为秦、晋、燕、周、楚、齐、潭、赵、鲁九个王。其中赵王受封后一年就去世了，其余八个藩王的封地分别在西安、太原、北平、开封、武昌、青州、长沙、兖州。

朱元璋之所以封自己的儿子为藩王，有一个不能说出口的心思——他是想用自己的儿子取代那些开国功臣。那些功臣们跟着朱元璋征战多年，有的还曾经称兄道弟，说话做事难免居功自傲，这不但让当了皇帝的朱元璋受不了，也让他很不放心。虽然他在世的时候问题并不明显，但他担心自己死后江山会易主。于是，朱元璋盘算着，如果把这二十多个儿子培养起来，拥兵守土，那么朱家的天下应该可以长治久安了。

朱元璋是贫苦农民出身，多子多继、养儿防老的意识很强。他养儿不仅为了壮家防老，更重要的是为了家天下。但这毕竟不是寻常百姓家的一般分家，而是分封天下。这些藩王不但有官属，有封地，还有军队，实际上就成了一个个独立的王国。这种平和的局面在朱元璋活着的时候还能维持，他死后就不好说了。

洪武九年（公元1376年），朱棣十七岁。这一年闰九月初九这天，发生了一件不吉利的事情。钦天监上奏说出现了“五星紊度，日月相刑”的天象，这预示着“七政皆乱”，是灾祸之兆。遇到这种情况，人们就认为是君王处理国是有不妥之处，上天发出警示，于是朱元璋便按照惯例下诏书让大家批评朝政。

这时有一个名叫叶伯巨的浙江台州人写了一份万言书准备上奏。朋友们都劝他不要上书惹祸，他却说：“如今天下有三事可虑，其中二事易见而患迟，一事难见而患速。即使没有诏求直言，我尚且要讲的，更何况皇帝已下明诏。”叶伯巨所说的“易见而患迟”的二事，分别指“用刑太繁”和“求治太速”；“难见而患速”之事，指的便是朱元璋封藩。

他在万言书里说（《明经世文编》卷八《叶居升奏疏》）：

臣恐数世之后，尾大不掉，然后削其地而夺之权，则必生觖望，甚者缘间而起，防之无及矣。

大意是说，将来这些藩王势力大了，就会威胁到朝廷，你要是削夺他们的权力，就会招来他们的怨恨。到那时，他们要么占地为王，不听朝廷的命令；要么率军入朝，来个清君侧。

可是叶伯巨说这番话的时候，正是朱元璋施行用儿子取代功臣的计划的兴头上，他哪里听得进去呢！当时朝中的大臣们也未必没人看得出这里面暗藏的危机，只是谁都不愿说出来，以免惹祸上身。只有这个叶伯巨不识时务，非要说出这些不中听的话来，一下子戳到了朱元璋的痛处。朱元璋果然大怒，说道："小子真是斗胆，竟敢离间我和我的骨肉！把他抓来，我要亲手射死这小子！"

虽然最终叶伯巨没有被朱元璋射死，但是他被关了起来，不久就病死狱中了。从此以后，再没有人敢评议封藩的事情了。

朱元璋也不是不知道封藩可能出现的问题，但是他以为只要教育得好，树立太子威信，一切就都不成问题。那么，朱元璋究竟是怎么教育儿子的呢？

首先是学文化。家境贫寒没有机会读书受教育的朱元璋深深懂得“知识改变命运”的道理，现在他当了皇帝，一定要让他的儿子们接受最好的教育。于是他下令建立大本堂，即皇家图书馆，让儿子们有书读。当时朱元璋听说有个隐居乡里的名师叫李希颜，便亲自写信请他进宫教儿子们读书。李希颜是一位私塾先生，体罚学生是他习惯使用的管教方法。谁不好好读书，便要挨打。朱元璋知道了，很是心疼，经常抚着儿子被打的头要发火。马皇后劝他说，先生以圣人之道教育孩子，是不能责怪的。结果这位先生一直教授诸王，直到他们长大，陆续离开皇宫前往封地。

其次是学吃苦。“吃得苦中苦，方为人上人”，朱元璋是吃过苦的，因此深谙其中的深意。儿子们年岁大一点之后，朱元璋便规定，出门时不可以全程骑马乘车，必须“马行其二，步趋其一”，即三分之二的路程乘车马，三分之一的路程步行；外出时要穿麻鞋，带麻布行囊；宫中的饭食，每餐都要有粗粮。相声大师刘宝瑞有一段叫《珍珠翡翠白玉汤》的相声，讲的就是朱元璋吃苦的故事。打仗的时候，朱元璋曾被两个叫花子救过，他觉得他们要来的饭太好吃了，便问这是什么饭。叫花子骗他是“珍珠翡翠白玉汤”，其实只是米饭加菜叶加白菜帮子。后来朱元璋当了皇帝，想起那道美味无比的“珍珠翡翠白玉汤”，便找来那两个叫花子，做给他吃。这个故事当然是后人杜撰的，但是朱元璋确实出身贫寒，吃过不少苦，所以他也要让儿子们锻炼吃苦。

第三是提倡勤俭节约。朱元璋很节俭，他也要求儿子们这样做。当他带着儿子们在宫中散步时，常常会指着宫中空地说，哪里哪里可以起楼阁，哪里哪里可以建亭台，可是节俭为治家治国的第一要务，要切记。当时正修建朱棣在北京的王府，不知朱棣是真的耳濡目染，还是有意讨好，他专门写信给监督工程的大臣说，实在不能保留的旧房子才可以拆掉，尽量节省一点。

第四是品德教育。朱元璋很看重思想品德，他让儿子们必读两本书，一本是《诏鉴录》，是专讲自汉唐以来藩王善恶事例的历史读本；另一本是《祖训录》，是朱元璋对子孙的训言语录。朱棣不但认真阅读背诵，还把这些训言抄写到王宫正殿的东墙上。

第五是军训。诸王不仅平日习武，参加阅武活动，还要到中都凤阳去讲武。所谓“中都讲武”，就是到凤阳参加军训。朱元璋封藩王是想要用儿子们取代功臣，因此带兵打仗是必不可少的事情。洪武八年（公元1375年），朱元璋让太子朱标带队，浩浩荡荡地到中都凤阳去参加军训了。可是朱棣没有立即一同前往，因为朱元璋对他另有安排。

3. 册妃完婚

对朱棣来说，这算得上是他一生中的大事。朱棣这年十六岁，朱元璋为他订下了一门亲事，而这位被选中的燕王妃不是别人，正是开国第一功臣魏国公徐达的长女。

这一天，朱元璋找到徐达，对他说："你我布衣之交。"意思是说，你我当年为普通百姓时就结下深厚的友谊，不是君臣关系这么简单，"何况自古以来，君臣相契便可结为姻亲。你的长女就嫁给我们家老四吧。"

朱元璋是皇上，他的话就是圣旨啊，作为臣子的徐达自然不敢违背。他连连谢恩，婚事就这样定下来了。

这一年朱棣十六岁，徐氏小他两岁，只有十四岁。徐达的这个女儿虽是将门之女，却以贞静好学闻名，她有个外号叫"女诸生"，"诸生"即秀才。可是这位女秀才毕竟是将门之女，虽然平日文静有加，身上也不缺将门之女的基因。二十余年后，正是这位徐王妃在朱棣夺位的战争中发挥了将才——她亲自率领女眷们登城战斗，成为朱棣夺位的得力助手。

洪武十年（公元1377年），朱元璋对秦、晋、燕三王府护卫做了大规模补充。补充护卫说明朱元璋要安排他们前往封地了。藩王前往封地，叫作“就藩”。

果然，第二年，也就是洪武十一年（公元1378年）的春天，朱棣和兄弟们被召回京城。朱棣一心想着去北平，当他听到就藩的诏令时，整个人都傻了。这回宣布就藩的只有秦王和晋王，没有他的份儿。

第三章 塞下风云

1. 凤阳岁月

朱棣没能跟秦、晋二王一起就藩，便又回凤阳待了两年。

朱棣为什么没能与两个哥哥一起就藩呢？当初朱元璋给秦王、晋王和燕王三个藩王补充护卫，本意是想让他们兄弟三人一同前往封地的。可是就藩与封藩不同，封了藩王，相当于只给了藩王们一个名义，跟没封区别不大。但是真的派这些藩王到封地，他们能不能按照朱元璋的意图统掌当地军事，能不能做到逐渐取代功臣，对此，朱元璋还真没有底。如果一下子把三个儿子都派到封地去，让他们控制北方的重镇，影响就太大了。所以他就先安排两个儿子前往封藩之地，看情况总结经验再说。

朱棣的封藩之地北平本是元朝的都城大都，地理位置应该最为重要。朱元璋为什么没有将两个年龄更大一些的儿子安排在这里，而把老四朱棣安排在这里呢？真的像有的史书中说的那样，朱元璋格外器重朱棣吗？其实并非如此。

洪武元年（公元1368年）八月，大将徐达率领的北伐军攻入大都，元顺帝逃到上都。后来元顺帝也想重回大都，但是屡次为明军所败，连上都也被明军攻下，只得再北走沙漠。退到大漠以北的元朝残余势力被称作“北元”。这时候北元对明朝威胁最大的一支军事力量是驻屯在宁夏的扩廓帖木儿，也就是王保保。洪武五年（公元1372年），朱元璋派大军进攻王保保，结果在岭北打了个大败仗。从这时起，西北一带就成了明朝与北元对峙的前线，因此朱元璋对于北方的军事部署，主要集中在西北一带。而此时的北平，军事地位的重要性远不如西安和太原，所以朱元璋将老二、老三安排在西安、太原，而把老四安排在了北平。

没有成为第一批就藩的藩王，朱棣心里肯定不大好过。别看这会儿他还年轻，但他确实不简单，他居然不动声色，没有任何不愉快的表现，只把此后两年在凤阳的生活当成进一步了解民情的机会。

史书中没有记述朱棣这两年是怎么度过的。在他夺位登基后，他曾经十分感慨地说："朕少时尝居凤阳，民间细事，无不究知。"（《明太宗实录》）

花鼓调词中有这样一句：

说凤阳，道凤阳（家住庐州并凤阳），凤阳原是好地方。自从出了朱皇帝，十年倒有九年荒……

其实明初的凤阳算不上是好地方，当时挺贫穷落后的，所以朱元璋当了皇帝后，把一些富户迁来，一是想打击一下这些富户，挫挫他们的锐气；同时也想利用他们的财力改变一下凤阳贫穷落后的面貌。但结果却不尽如人意，不仅没能让凤阳老百姓脱贫致富，反而使这些富户也破产了，所以民间才唱出这样的花鼓调。

朱棣当时生活在凤阳，对民怨了如指掌。他当时就开始思考，如果将来由他来治理这个国家，他应该怎么做。后来他当了皇帝，虽然沿用了朱元璋迁民的办法，可是他比较聪明，吸取了前车之鉴，在方式方法上有所调整，便没再出现“凤阳花鼓”中唱的那种情形。

此时，朱棣已经二十一岁了，他不动声色地等着朱元璋的安排。就在这时，京城传来消息，京城出大事了。

2. 鸟尽弓藏

原来是丞相胡惟庸被人告发图谋造反！这件事发生在洪武十三年（公元1380年）农历正月，明史中称其为“胡惟庸案”。

胡惟庸本来只是个中书省小吏，做过县官，后来仗着自己是淮西人，再加上他本人干练，受到李善长的赏识，居然做到了丞相。

明初，朝廷中的高层官员主要分成两大派，一派是以李善长为首的淮西集团，一派是以刘基为首的浙东集团。淮西集团人数众多，势力强大，与武官关系密切，但是整体素质不高。

马上短衣多楚客，城中高髻半淮人。

这里的“楚客”“淮人”，指的就是朱元璋的老乡淮西人。

相反的，浙东集团的人数远不及淮西集团，与武臣也没有深层关系，但是文化素质高，在朱元璋立朝过程中起的作用也很大。

这两大集团之间的矛盾在设置丞相的问题上尖锐地表现出来。起初左丞相是李善长，右丞相是徐达。后来李善长年岁大了，朱元璋想换一个人做丞相。有一天他问谋臣刘基：“你看让谁当丞相好啊？杨宪这个人怎么样？”刘基与杨宪的私人关系甚好，但是他却反对让杨宪做丞相。朱元璋问他缘故，刘基说：“杨宪有相才，无相器。”意思是说做丞相的人不但要有才能，还必须处事公平，无私人之见，但是杨宪并不具备这些优点，所以不适合。朱元璋又问：“汪广洋如何？”刘基说：“此人太过偏浅。”朱元璋再问胡惟庸怎么样。刘基说：“他就像是个小牛犊子，早晚会因不受约束而惹出事端。”一连问了几个人，刘基都说不合适。朱元璋有点不高兴了，于是他说：“如此说来，只有你刘基最合适了？”刘基连忙回答：“我这个人是有自知之明的，我一贯喜怒形于色，做事太急，不善处理烦琐的具体事务。我当丞相，恐会有负上恩。”最后，在李善长退休不久，朱元璋还是选胡惟庸做了丞相。

胡惟庸当丞相后，自恃有李善长等人支持，处事专断，朱元璋渐渐对他不满起来。诸王开始就藩以后，朱元璋更是下决心除掉功臣，胡惟庸便成了这场斗争的关键人物。据传胡惟庸旧宅井中长出竹笋，一些拍马屁的人便奉承说这是胡丞相的祥瑞之兆。后来又有人说胡家祖坟夜晚有光，说明这个家族要“火”起来了。胡惟庸也以为自己有非同常人的福分，遂生邪谋。

这些都是民间传说，并不可信。但是当时胡惟庸权势过大，难免做些不法之事。后来有人编出故事，说胡惟庸图谋造反，骗朱元璋说家里水井涌出澧泉，邀请朱元璋去观看，然后设伏家中。在朱元璋前去的路上，有一位名叫云奇的内侍冲乱御驾，勒马欲言，因为气喘吁吁，一时说不出话来。左右侍卫以为他要犯驾，将他击伤。云奇用手使劲指着胡惟庸家，朱元璋终于感到不对劲了，他明白了云奇的用意，登上城墙一看，胡惟庸家里满是伏兵。于是，朱元璋下令发羽林军围捕，将胡惟庸及其党羽捕获处死。

胡惟庸案案发后，朱元璋便借机大肆诛杀功臣，被株连的功臣加上亲属数以万计。已经退休回家的儒臣宋濂，因为孙子被列为胡惟庸党，也被定为死刑。宋濂是太子朱标的老师，朱标对他是极为崇敬的，他因此为老师求情。可是朱元璋就是听不进去，急得朱标要去跳河自杀。最后还是马皇后不肯吃饭，说是要为宋先生持斋，才使朱元璋受到触动，免了宋濂一死，将其发配茂州。宋濂当时年事已高，又经此大难，不久就病故了。

这一年，朱元璋趁机废掉了丞相制，立下了一个规矩——子孙后世，永远不许再立丞相。自从朱元璋立下这条规矩，明朝的皇帝不仅成为国家元首，还是政府首脑，一个人掌控了所有权力，没有其他力量能制衡高高在上的皇权。

胡惟庸被杀后，事情还没有完结。史书中说，当时四方有仇怨的人，均趁这个机会，互相攻讦，指摘对方为胡党，造成人人自危的政治局面。这种情况持续了十年。十年后，洪武二十三年（公元1390年），开国功臣李善长也被列为胡党，被迫自杀。此后，朱元璋命令刑部以肃清逆党事昭告天下，并公布《昭示奸党录》。

这起大案子还牵连到朱元璋的第八个儿子潭王朱梓。因为王妃于氏的父兄都被定为胡党处死，朱梓便与王妃一同在王府中自焚了。这个故事后来被人演绎成另一个版本，说潭王朱梓是陈友谅妃子所生的遗腹子，长大后造反，失败后便在宫中自焚，说宁见阎王不见贼王。

朱棣自然不会掺和这些事情。朱元璋越是大开杀戒杀功臣，朱棣的地位就越发显得重要。

果不其然，“胡惟庸案”发生两个月后，朱棣就接到就藩北平的旨令。

3. 北国十年

农历三月，朱棣告别了春光旖旎的江南，率领燕山中、左护卫侍从五千七百七十人前往北平，这一年他二十一岁。

当时的北平，是北方的雄关重镇，是元朝的京师大都，燕王府便是在元朝宫殿旧址上改建而成的，因此在诸王王府中，燕王府大概是规模最大的一个。

明初诸王中，娶了功臣女儿为王妃的不止潭王一个，朱棣的王妃徐氏就是开国第一功臣徐达的女儿。朱棣的老丈人魏国公徐达，是朱元璋少年同伴，也是开国的头号功臣，又一直统兵在外，按说首先会遭到朱元璋猜疑。但因徐达做事极为谨慎，又对胡惟庸等人不满，从不与之交往，因此没有被牵连到胡惟庸案中，成为明初保全下来的为数不多的主要功臣之一。不过此时的徐达，年事渐高，在外领兵征战，已经力不从心，虽然有时候还受命主持北平军务，但其实已经不能起到很大作用了。朱棣既然已经就藩北平，掌控军队的权力也就慢慢落到他的手中。

根据史书的记述，朱棣在刚到北平的前几年几乎无事可做。与他在凤阳的情形差不了多少——读读书，练练武，到四郊体察体察民情，了解了解民意。但事情并不如表面上那么简单，凡是能成就事业的人，都会卧薪尝胆，深谋远虑，招揽人才。朱棣利用一切机会广纳贤才，不仅与王府护卫们结为死党，还在北方军卫中结交了不少朋友。这些人后来都成了他的得力帮手。

朱棣一直觉得自己与众不同，早晚会当上皇帝。怎样才能当上皇帝呢？当然不是跟他父亲朱元璋抢夺皇位，他的目标是当上朱元璋的皇位继承人。此时皇位的继承人是太子朱标，可是太子过于仁柔，年岁稍长些的藩王们就开始不安分了。在这些藩王中，朱棣算得上最积极的一个。

朱棣传

第四章
偶得高僧

1. 奔丧奇遇

朱棣不甘心在北平做燕王，和几个兄弟觊觎着皇储的位置。正在这时，他遇到了一个人，更激发了他的夺嫡之心。

洪武十五年（公元1382年）农历八月十五那天，朱棣突然接到朝廷发来的消息，京师又出大事了——马皇后于五天前病逝了。皇后病故，在当时算得上是头等大事。不容朱棣犹豫，他急忙起身上路，为马皇后奔丧。

朱元璋跟马皇后的感情非比一般，他们是患难夫妻。马皇后父母早丧，因为父亲与红巾军将领郭子兴是旧交，被郭子兴收为养女。朱元璋投奔郭子兴后，得到郭子兴赏识，郭子兴便把这个养女许配给了朱元璋。有一次，朱元璋惹怒了郭子兴，被关了起来，不给饭吃。马氏心疼，连夜烙炊饼，又怕人发现，就偷偷揣在怀里，悄悄给朱元璋送去，结果胸前的皮肤都被烫伤了。朱元璋与群雄逐鹿天下的时候，马氏就带着妇女缝军衣、做军鞋，把自己的细软拿出来犒赏有功的将士。总之，马氏对朱元璋帮助极大。

马氏当了皇后以后，治理后宫严而不苛，虽然出身不高贵，但算得上德高望重，母仪天下。据说，她经常劝朱元璋保全功臣，莫要滥杀无辜。这次病危，她自知无治，不肯服药，也不肯让人祈福。因为她怕服药、祈福不灵验，朱元璋怪罪御医和相关的官员。

马皇后的葬礼定在旧历九月二十四日举行。关于马皇后下葬，还有这样一个传说。马皇后下葬的那天，突然下起了瓢泼大雨，雷声隆隆，雨泻如注，葬礼无法举行。眼看下葬的时辰已到，朱元璋十分恼火。就在这时，一位高僧站了出来，他叫宗泐，是僧录司左善事。他一看龙颜不悦，赶紧上前说了四句偈语："雨落天垂泪，雷鸣地举哀。西方诸佛子，齐送马如来。"意思是说，下雨是因为老天落泪，打雷是因为大地悲哀。他把打雷下雨说成是天地齐哀，这样一来，马皇后就成了西方的真佛了。朱元璋听后，立刻转怒为喜。

除此之外，还有一个跟高僧相关的插曲。

朱棣和几个封藩在外的藩王，为了表示自己的孝心，向朱元璋提出一个要求——因为他们不可能长期在京城为马皇后守丧，所以请求派几名高僧，分别随他们前往封藩之地，为母后诵经祈福。这在当时是孝心的体现，很合朱元璋的心意。恰好在马皇后发丧过程中发生了宗泐之事，于是朱元璋找来宗泐，交给他去办理。在宗泐找来的高僧中，有一位非比寻常的人物就安排给了燕王朱棣。

这一天，朱棣得到内侍通报，说有位高僧求见。当朱棣看到走进来的高僧时，不由吃了一惊。这位高僧长着一对三角眼，样子十分古怪，史书中形容这位高僧时，用了四个字——形如病虎。朱棣立刻被这位怪僧吸引了。

有意思的是，两人虽然之前从未谋面，但却都有一种一见如故的感觉。在朱棣的眼中，这位怪僧不同寻常，一定能为自己所用；而在这位叫道衍的和尚眼中，朱棣也不同于一般的藩王，日后必定是位明主。

有的史书是这样描述他们初次见面的情形的。道衍一见到朱棣，就对他说："殿下若让我随您前往燕国，我一定给殿下一顶白帽子戴。"要是一个晕头晕脑的藩王，也许还不明白道衍话中的含义哪。可朱棣是何等人物，一听就明白了，道衍的意思是说要帮助朱棣当皇帝。"给殿下戴白帽子"，言下之意是要在"王"字上面加一个"白"字，那不就变成"皇"了吗?

虽说是隐语，但这两个人也真够大胆的！要知道此时朱元璋还在位，太子朱标也还在，他们这么堂而皇之地打起皇位的主意，实在令人难以置信。但是这段记述却为诸多史书所载，甚至在像李贽那样的大学者的著作中，也记述了这件事。

2. 高僧道衍

这位道衍和尚的确是位不同凡响的人物，他正是后来跟刘伯温齐名、被传得神乎其神的明初两大谋士之一的姚广孝。就是他帮助朱棣夺取了皇位，成为第一功臣。"姚广孝"这个名字是他帮助朱棣夺得天下后，朱棣让他恢复姓氏，钦赐给他的名字。

姚广孝小的时候叫姚天禧，家住苏州，祖父和父亲两代从医。他自幼聪颖，对医术并不感兴趣，总想干出一番事业来。有一天，他走在苏州城的大街上，忽然看到行人骚动，纷纷避让至路边。姚广孝从人群中望去，只见大街上过来一队人马，中间一个人被前呼后拥，好不威风——原来是元朝的僧官出行。他打心眼里羡慕，从此下定决心出家为僧。

姚广孝剃度出家是在元至正十二年（公元1352年）。这一年在中国历史上发生了两件十分巧合的事情。一件事是姚广孝出家，一件事是有一个和尚还俗投军到了红巾军郭子兴部下，这个和尚便是朱元璋。

姚广孝出家后，不仅学佛，还拜了当地一位有名的道士为师，向他学习阴阳术数之学。同时他又研习兵法，再加上他自己在儒学上有很深的造诣，所以他这个人博学而不迂阔，出世而不厌世，中年时就成了一位兼通儒、释、道的高僧。

元、明之际的苏州是人才荟萃之地，才子云集。姚广孝与才子们相交往来，十人中除了他是和尚，其他都是著名的儒生，时人称其为“北郭十友”。了解姚广孝的朋友们这样评价他：

有当世才，虽自匿，欲有所用之。

意思是说他有治世的才能，虽然隐匿起来不被别人知道，但还是希望有朝一日能够大展宏图。

苏州这个地方，在元朝末年为张士诚占据。张士诚虽然不是能够成就大事业的人，但他有一个优点，就是对当地文人才士礼敬有加，因此他也网罗了不少文人。张士诚被朱元璋灭掉以后，这些文人就成了有历史问题的人。有的人虽然做了新朝的官员，但却得不到朱元璋的信任，有些甚至被朱元璋罗织罪名处死了。

比如有一个名叫高启的人就是"北郭十友"中的一员。高启是明初著名诗人，曾经写诗挖苦朱元璋对后宫管理不严：

女奴扶醉踏苍苔，明月西园侍宴回。
小犬隔花空吠影，夜深宫禁有谁来？

这显然是说朱元璋出身草莽，不懂后宫的管理，造成后宫混乱。而当时又确实有功臣的子弟经常出入后宫，甚至还有人偷看朱元璋俘获的陈友谅的妃子。朱元璋知道后，不去反省自己，反而对高启怀恨在心。君子报仇，十年不晚。朱元璋虽然当时没有发作，但后来还是找了个机会将高启腰斩。不仅如此，朱元璋在称帝以后特别对苏州征收很重的税赋。这时姚广孝虽然已经出家为僧，但是这些事情对他的政治立场肯定有所影响。这样的政治立场，也成为他后来帮助朱棣打天下的主要动因。当然，能够辅佐明君，成就大业，一直是姚广孝的理想。

据说有一天，他出游来到嵩山，遇到了一位名叫袁珙的相士。袁珙看了道衍的面相后说："好个怪僧，三角眼，形如病虎，生性必定嗜杀，是个刘秉忠之流的人物！"刘秉忠是元朝初年辅佐忽必烈打天下的一位高僧。这番话正中道衍的下怀，他就是想辅佐一位明君，帮他成就帝王之业。

还有一次，他和宗泐一起行至北固山，他随性吟诗道："谯橹年来战血干，烟花犹自半凋残；……萧梁事业今何在？北固青青客倦看。"宗泐听后说道："这岂是出家人应该讲的话？"姚广孝并不回答，仅报之一笑。这几句诗，实在不像出家人所作，倒像出自深谋远虑的政治家之口。

按照史书的记述，姚广孝是九月二十四日，也就是马皇后发丧的那一天，从苏州来到京师的。朱棣得到这样一位高僧，自然十分高兴，立即请他前往北平。朱棣是在这一年的十月十八日离开京师回北平的，姚广孝则是在朱棣返回北平之前的十月一日，就动身北上了。看来他们都有些迫不及待。

石头城下水茫茫，独上官船去远方。
食宿自怜同卫士，衣钵谁笑杂军装？
夜深多橹声摇月，晓冷孤桅影带霜。
历尽风波难苦际，无愁应只为宾王。

这首诗被收录在姚广孝的文集中，题目是《十月一日金陵发船之北平》，描写的是他离开南京乘舟北上的情形。已是初冬十月，霜寒之中，更有一种艰难之感。但他并无太多的离愁别绪，因为他感到自己已经找到了可以辅佐的明主，终于可以有所作为了。

3. 王府秘臣

姚广孝来到北平后，先是到大庆寿寺做了住持。这座寺庙中有两座砖塔，一座七级，一座九级。九级的砖塔是元朝开国功臣怪僧刘秉忠师傅的墓塔，寺里还保留着刘秉忠写的赞文。

姚广孝来到北平后先后两次前去拜谒，并且写下了这样的诗句：

良骥色同群，至人迹混俗；知己苟不遇，终身不怨讟。

一朝风云会，君臣自心腹；大计业已成，勋名照简牍。

这首诗似乎是在颂扬刘秉忠，说有本领的人就像一匹好马，混迹在同样颜色的马匹当中，若遇不到知己，也不抱怨。一旦机会来临，便君臣同心，成就大业。不知这里提到的君臣，到底是指忽必烈和刘秉忠，还是朱棣和他自己。

大庆寿寺离燕王府很近，往来十分方便。再加上道衍是朱棣请来诵经的高僧，于是他就成了王府的常客。朱棣经常跟他避开旁人密谈，所谈的内容虽然不见于史书，但从他们后来起兵夺位的举动来看，显然与夺位有关。

朱棣回到北平的第二年，他的老丈人魏国公徐达奉朱元璋的命令到北平主持军务，可是不久就病倒了。等到病情稍好一些，便被接回京师南京休养。谁知几个月后病情突然恶化，不治身亡。徐达死后，朱元璋大施恩典——追封徐达为中山王，让徐达长子徐辉祖袭爵魏国公。像徐达这样的功臣，以这样的方式死去，是朱元璋求之不得的结果，这既保全了自幼的伙伴，又消除了一个掌握兵权的功臣。

那么朱棣对这件事是怎么看的呢？

对于徐达的死，朱棣应该是亦悲亦喜。首先，徐达是他的老丈人，与他有翁婿之情。徐王妃与朱棣感情很好，她有丧父之痛，朱棣也难免陪着伤感一番。但是徐达生前是主持北方军务的主帅，他死后，再也不会有一个像他那样德高望重、众望所归的军事统帅了。朱棣作为北方三个主要藩王之一，就可以按照自己的意愿发展势力，掌控军权。而这对于朱棣来说，才是最为重要的。再说姚广孝到了北平以后，表面上是个替朱棣诵经、为马皇后祈福的高僧，其实他从到北平之时就成了朱棣的头号军师。他们不是要密谋夺位吗？那么头等大事就是抓军权。要抓军权，就得从北方军卫里的军官入手。

有一天，朱棣得到传报，大将军蓝玉前来拜访。蓝玉是一个十分骄横的功臣，当时正在主持北方军务，他的军队就驻扎在北平附近。可是朱棣跟他素无往来，他亲自登门到底所为何事呢？原来蓝玉率师北征俘获了一些名马，特意选了一些准备送给朱棣。朱棣是以勇武著称的藩王，当然喜欢好马，可是他却很严肃地对蓝玉说：“这些名马，尚未进献给朝廷，我要是接受了，不是对父皇不敬不孝吗?”但是当他听说济南卫指挥佥事李彬勇敢多谋，立下擒获之功的时候，却连忙将李彬请到燕王府来，待之优渥，格外亲近。

朱棣为什么要这样做呢？道理其实很简单。对于那些朱元璋一心想除掉的功臣宿将，朱棣绝不能表示出一点过分的交往，甚至有意疏远。因为他知道，那些功臣不仅不可能为己所用，如果结交他们，反而会引起朱元璋猜忌。但青年将领不同，他们有才华，求上进，需要靠人提拔才能有所发展，因此笼络他们成为自己的心腹，将来必然能够派上用场。

朱棣传

第五章

牛刀小试

1. 初露锋芒

朱棣在北平当燕王的时候，结交了一批有发展前景的青年将士，在他们当中树立起了威信。朱棣的目的是让这些人能够为己所用。没想到没过多久就派上了用场。

洪武二十三年（公元1390年）农历正月初三，朱棣就接到了朱元璋的旨令，命他率师出征。

据说北元太尉乃儿不花的一支队伍拥众边陲，有南下的动向，朱元璋于是让晋王朱棡和燕王朱棣各率一支人马，前往征伐。其实根据朱元璋送来的军事情报看，这支北元的队伍，连家属算上，不过万人；而且内部意见不一，有的主张南下，有的主张北上。为了这么一点儿北元的人马，就派几个藩王出征，显然是朱元璋用儿子代替功臣的一次尝试。

虽说这只是朱元璋安排的一次试验，但要打好这场仗还真是困难重重。

首先，正值隆冬，天气寒冷，如果没有很好的组织和装备，不用说跟敌人作战了，就是在恶劣天气下会有多少非战斗减员，也是个未知数。

其次，北元活动的地区是广阔的荒漠和草原，地域开阔，人烟稀少，别说一万人的队伍了，就是数万甚至数十万军队到了那里，也会消失在茫茫荒原之中，踪迹难寻。因此，出兵征伐，能不能见到敌人又是一个未知数。

最后，虽然朱棣和几个兄弟就藩多年，与军队将士们也有所接触，但是还从未真正带领过将士们征战，他们的实战能力如何，指挥运转情况如何，也是个未知数。

这么多个未知数，不仅考验着晋王朱棡和燕王朱棣，也考验着朱元璋本人。

朱棣率军出了古北口，首先遇到的便是敌人究竟在哪里的问题。一望无际的沙丘荒原上不见人影，盲目行军找寻，无异于大海捞针。朱棣没有像晋王那样盲目进军，他与诸将商议说："敌人居无定所，塞外又如此广阔无垠，我们得先有耳目才能出师制胜。"朱棣属下的将士对北方的情况比较熟悉，他们赞同朱棣的意见，派出骑哨四处侦察。果然，派出去的侦察兵很快找到了乃儿不花的下落。找到了敌踪，就完成了出征的第一步。下一步就是如何打败敌人了。

这时的北国塞外天气变化无常，朱棣率军北进时，突然下起大雪。明军大多长期生活在关内，有的甚至来自江南，对于北国寒冬十分畏惧，一见这样的大风雪，更加畏难，不想再往前去了。朱棣便鼓舞士气说："正是因为这样恶劣的天气，敌人才不会料到我们前来，我们再坚持一下，就可以出奇制胜。大家不要惧怕，成败在此一举！"于是他督促军队前进，终于来到了乃儿不花的驻地附近。但朱棣没有贸然出击——此时突然袭击，固然可以战胜敌人，但是如果对方惊散逃跑，再想找到他们可就困难了。

养兵千日，用兵一时。这时候，朱棣网罗的将领们起了作用。一个名叫观童的指挥与乃儿不花有旧交，朱棣让他前往劝降。两人先是相拥而泣，正要互诉衷肠的时候，朱棣的大军已经将军营围了起来。乃儿不花想趁乱上马逃走，观童一把拦住他，说："燕王让我来劝你归附。"乃儿不花一看大势已去，不得不依从了。朱棣将他请到自己的营帐中，以礼相待，并且设宴敬酒。一场宴会下来，大家都觉得朱棣大度能容，决定归附明朝。

朱棣第一次受命出征就大获全胜。

与朱棣同时出征的晋王朱棡又是什么情况呢？晋王一出师就遇到了跟朱棣同样的困难：找不到敌人的踪迹。晋王没有像朱棣那样，先派人侦察，继而跟进，最后智取。他率领大队人马在荒原上转了多日，连一个敌人的影子都没见到；加上天气寒冷，辎重运送困难，只好无功而返。

朱元璋派两个儿子同时出征，这就好比一场比赛，在这场比赛中，燕王朱棣牛刀小试，取得了一场辉煌的胜利。

此次出征获胜的意义非同小可。朱棣本来是个不起眼的老四，经此一事，在朱元璋心目中的地位不仅超过了二哥秦王朱樉，而且超过了三哥晋王朱棡。据史书记载，朱元璋在得到朱棣的捷报时，按捺不住心中的喜悦，慨然叹道："靖沙漠者燕王，朕从此再无北顾之忧！"后世的史家评论说："他是凭着自身的勇气、毅力和才能，赢得了人生政治征途上的第一个胜利。"

2. 北国三藩

朱棣就藩北平的前一个月，朱元璋制造了“胡惟庸案”，大肆杀戮功臣。整整十年过去了，就在朱棣出征大获全胜而归后的一个月，朱元璋指使一个御史上疏弹劾韩国公李善长，于是“胡惟庸案”被重提，众多功臣被牵连案中。朱元璋亲自颁示《昭示奸党录》，公示天下。对功臣的杀戮一直伴随着朱棣的成长。用儿子取代功臣，就是朱元璋的目的。这对朱棣来说，实在是很有利的事情。现在朱棣要做的，只是利用在北方征战的大好时机发展自己，不必去理会屠戮功臣的事情。

这次出征后，朱棣又开始在北边追击北元的残部，他要取代守边的功臣，成为朱元璋在北方守边的依靠。

说起守边，它一直是朱元璋心目中的一个难题。虽说已经把元朝统治者从大都驱逐到北方草原沙漠以北了，可是北元依然存在，仍对明朝北方构成威胁。按理说，北方边防之事交给武将去办就是了，可是朱元璋对这些异姓的功臣武将们不放心，于是就想让自己的儿子守边。儿子守边倒是能够确保他的朱姓天下不会让位于他人，但是这些奉命守边的儿子们安不安分呢？

安排在西安的秦王朱樉就不怎么样，他虽然是藩王中年龄最长的一个，可实在不能成为诸王的表率。朱元璋第一次安排藩王出征，就没有他的份儿。他如果只是个窝囊废，没什么出息，也倒罢了。事实是他不但没出息，还经常犯让朱元璋头疼的错误。当时藩王的过失主要有两种：一是不遵守国法，为非作歹；二是图谋夺嫡。史书中记载，洪武二十四年（公元1391年），秦王朱樉因为犯错太多，被朱元璋召回京师狠狠训斥了一番。随后，朱元璋派太子朱标巡视关中。太子朱标巡视回宫后，帮秦王朱樉说了不少好话，朱元璋这才让秦王朱樉归藩西安。

那么晋王朱棡又怎么样呢？晋王朱棡的特点是聪明，但有些聪明外露，他行事也比较放肆。他在去太原就藩的路上，就因为吃得不满意，毒打了自己的厨师。朱元璋很担心，专门让人快马加鞭送他一封书信，叮嘱他不要得罪厨子，免得被人下毒。他这样的公子哥性格，能不惹事吗？果然，没多久，就有人告发晋王朱棡“心怀异谋”。所谓“心怀异谋”，就是想要夺嫡。朱元璋听后大怒。结果还是太子朱标为人宽厚，连忙为晋王朱棡打圆场。即便如此，朱元璋还是将晋王朱棡教训了一番。

无论在正史还是野史中都没发现朱棣因为有异谋而被朱元璋训斥的记述。朱棣跟他的两个哥哥确有不同之处，朱棣做事十分小心谨慎，性格也比较内向，城府较深，胆大果断。

洪武二十四年（公元1391年），也就是朱元璋训斥秦王朱樉、晋王朱棡的时候，一位名叫赵浚的朝鲜国使臣来到了北平的燕王府。这位朝鲜使臣是奉朝鲜国王的命令，专程前往南京为朱元璋贺寿的。他途经北平，便顺便拜望燕王朱棣。朱棣不敢怠慢，热情招待了赵浚，史书中说他“倾意待之”。使臣只见了朱棣一面，便感觉出他的与众不同，他对随从说：“王有大志，其殆不在外藩乎!”（《朝鲜李朝恭定大王实录·乙丑五年六月庚午》）意思是说，燕王可不是一般人，有大志向，他不甘心当一辈子藩王。外国人都看出来了，朱元璋怎么就看不出来呢?

原因主要有三点：一是朱元璋平时见不到朱棣，只知道他在北边出征，镇守边关，常有所获；二是朱棣比较谨慎，别人不易察觉；三是朱棣对属下较好，优渥待之，所以即使有人有所察觉，也不会多嘴。所以秦、晋二王都被人举报有违法异谋之事，而燕王独善其身。

3. 重议皇储

虽说秦、晋二王有违法之举，但经过教育，已表示悔过；燕王不但没有出任何事情，还逐渐承担起更重要的北方军务，一切似乎都尽如人意，都在按照朱元璋的计划一步步地实施。

可是就在这个时候，发生了一件令所有人都惊愕而不知所措的大事。太子朱标巡视西北回到京师不久，就病倒了。找了不少医生诊治，不但不见效果，反而越治越糟。到了洪武二十五年（公元1392年）农历四月，竟然撒手人寰。太子朱标一死，打乱了朱元璋原本设计好的一套朱姓皇位继承方案。

此时的朱元璋已经六十五岁了，白发人送黑发人，悲痛之情自不必说。这一年腊月二十三，他来到光禄寺祭祀灶王爷，将一切不幸都归结为天意：

> 朕经营天下数十年，事事按古有绪。惟宫城前昂后洼，形势不称。本欲迁都，今朕年老，精力已倦。又天下新定，不欲劳民，且废兴有数，只得听天。惟顾鉴朕此心，福其子孙。

他这一席话，哪里还有当年南征北战、叱咤风云的影子！

天命如此，无计可施，朱元璋只能重新确立皇储。显然，如果从儿子当中再选一个皇太子，燕王朱棣是最适合的人选；如果从孙子当中选一个皇太孙，朱允炆是合适的人选。

4. 种瓜得豆

在中国传统社会中，选定皇储是国家的大事，被称为“立国本”。对于立储一事，朱元璋是经过认真考虑的，而且考虑了好几个月。

洪武二十五年（公元1392年）农历九月，朱元璋正式宣布，立皇孙朱允炆为皇太孙。

朱元璋正式宣布立朱允炆为皇太孙之后不久，便对朱允炆谈起自己用儿子取代功臣的计划：“我以御虏防患之事付之诸王，给你一个太平皇帝做。”这回不是拿一根带刺的棍子给皇太孙了。

可是朱允炆不这么想，他问祖父朱元璋：“虏不靖，诸王御之。诸王若不靖，谁御之呢？”当初叶伯巨就因为问了这样的问题，才被关起来，死在狱中的。可这个问题是回避不了的。朱元璋愣了愣，反问朱允炆：“那你说该怎么办呢？”朱允炆年纪轻轻，涉世未深，他怎么会知道怎么办，他按规矩说："以德怀之，以礼制之。"

太子朱标还小的时候，朱元璋请了儒臣给他讲历史。有一天，朱元璋在文楼考问太子读书的情况："你的历史学到哪里了？"太子回答道："刚学习了'七国叛汉'的历史。"朱元璋问："那你说说这段历史的是非曲直吧。"太子回答："曲在七国。"意思是说，七国叛乱不对。这本是史家的共识，儒臣也是这样向太子讲授的。谁知朱元璋听后训斥了太子一番："真是迂腐！"朱元璋说，"当初汉景帝为太子时，曾杀吴王世子，招致怨恨。登基当了皇帝后，又听信晁错的话，轻易削废诸王，七国之变由此而生。错不在七国，错在皇帝削藩。"

这件事情记录在《明太祖宝训》中。

朱允炆从小受儒家传统教育，讲的是孝悌仁义，他是不会开口求祖父帮他把这些刺，也就是他的叔父们削掉的。于是，他只好将满腹心事向自己身边的近臣倾诉。

这一天，朱允炆在皇宫的东角门遇到了伴读的翰林黄子澄。黄子澄见他忧心忡忡的样子，就问："殿下有什么心事吗？"朱允炆叹了口气，悄悄地对黄子澄说出了自己的心事："诸王都是我的长辈，各拥重兵，所作所为又多不法。现在虽然没有出事，等到我皇祖父百年之后，我该怎么办呢？”

黄子澄胸有成竹，毫不犹豫地回答：“这事不难处置。诸王的护卫军没有多少，仅够他们自卫；而朝廷的军卫犬牙交错，诸王若有变动，只要派大军出征，谁能抵挡？比如汉朝的七国之乱，那七国力量不弱吧？最终还不是被消灭了吗？这便是以大制小、以强制弱的道理。”

黄子澄这番话听着有理，其实有点纸上谈兵的味道。朱元璋分封的藩王，早已不是最初的北方三藩了。除去秦、晋、燕三个藩王之外，参与北方军事活动的还有齐王、代王、肃王、辽王、庆王、宁王等。齐王常年随征于塞上，以武略自喜，又生性残暴；代王朱桂在大同，立卫屯田，跟齐王一样是个恶藩。肃王、辽王、谷王、庆王、宁王、岷王都在临清练兵备边，个个习于军旅、惯于征战。常年生长深宫、一味讲儒家之道的年轻的朱允炆根本不能与之相提并论。再说这些藩王的军队，也不只是那点王府护卫，像宁王就“带甲八万，革车六千”，又有当地朵颜三卫的骑兵，个个骁勇善战，这哪里是仅仅能够自卫呢？

再说，虽说功臣已被朱元璋杀了不少，但是还有许多当年从征的中层以下的将士，他们同样以“打下天下的功臣”自居。他们忠于朱元璋，但是未必跟朱元璋安排的接班人一心。

他们更希望有一个重武轻文的朝廷。这样一来，黄子澄所说的以天下对一隅的局面，就值得商榷了。

应该说，这时的明朝显然存在着一对矛盾，以开国功臣自居的武将与他们旧部的子弟，和经过科举或者推荐走入官场的文官的矛盾。老话说：可以马上得天下，不可以马上治天下。这虽然是必然的结果，可是开国之初都会有一个过渡的过程。明朝就处在这样的过渡中。新进入管理体制的文官们想要建立自己的治国体系，开国的旧人又不愿意退出历史舞台，于是矛盾日渐突出。太子朱标和皇太孙朱允炆是文官治国的代表，藩王们就成了开国旧人的代表。朱元璋在世的时候，这些矛盾还压抑着，但是几乎所有人都预感到了，朱元璋死后，一定会有一番混乱，一定会与朱元璋所期望和安排的大相径庭。

第六章

冥冥天意

1. 兄弟阋墙

太子朱标死后，朱棣没有被朱元璋选立为接班人，对于这个结果，朱棣无比郁闷。论才能，论努力程度，朱棣都远胜其他的兄弟子侄，就是因为晚出生了几年，无论他怎么努力都无法成为接班人。可是话又说回来，藩王的地位也是十分显赫的，尤其朱棣又是北方三强藩之一，上面虽然有两个哥哥，但是论能力和实力，朱棣都算得上是老大。但朱棣不这么想，既然父亲不想把这个宝座传给自己，那他就要想其他的办法得到。不过，朱元璋还活着，他还不能轻举妄动，只能耐心等待。

这一等就是几年。这几年，朱棣是怎么过的呢？

太子朱标死后第二年，朝中发生了一件让朱棣庆幸的事情：功臣蓝玉出事了。“蓝玉案”跟“胡惟庸案”一起被称为“胡蓝之狱”。这一回下发的文件叫《逆臣录》，除去蓝玉外，还有十三侯、二伯和吏部尚书、户部侍郎等在内，共牵连一万五千多人。

这下朱元璋放心了。朝中是他培养的皇太孙，朝外是他分镇各地的儿子，大明朝的天下，只能他跟他的儿孙们共享。

此时，在外的藩王中，最有实力的还是晋王和燕王。据史书记载，北方日常的军务，除去一些重大事宜要向朱元璋汇报外，晋王和燕王已经被授命全权处理北方的军务。秦王不才，承担不了这项任务。这样一来，晋王就控制了整个西北地区，燕王朱棣仍然排在晋王的后面。

自洪武二十三年（公元1390年）那次北征朱棣大获全胜以后，晋王就把朱棣当成了自己的对手。他一面派人注意朱棣的一举一动，一面寻找机会让朱棣犯错。他们一起入京朝见的时候，晋王就以言辞相激。只要朱棣上当，吵起来，朱元璋便会偏向晋王，打击朱棣。可是朱棣是多么聪明的人，他从不争辩，装出委屈忧惧的样子。要不就装病，请求早日归藩。

据说开国功臣刘伯温的二儿子刘璟是朱元璋的心腹，朱元璋便派他去巡视几个王府，有燕王，却没有晋王。这天，刘璟来到燕王府。朱棣知道来者不善，所以十分小心。刘璟颇有他父亲刘伯温的风范，上通天文，下晓地理，下棋也是顶级高手。朱棣虽然棋艺不错，可也不是他的对手，一连几局，都下输了。朱棣觉得很没面子，就对刘璟说："卿不可少让些吗？"刘璟毫不客气地答道："可让处则让，不可让处不敢让。"朱棣知道刘璟的身份，也知道他来此的目的，只得继续小心谨慎。

一晃就到了洪武三十一年（公元1398年）旧历三月，晋王朱棡突然死了。

2. 天赐良机

晋王的死对年事已高的朱元璋打击甚大，不久他就病倒了。他在病中还念念不忘北边的军事，可是这会儿他的命令只能下达给燕王一个人了。朱元璋突然预感到一个新的问题：将来能威胁他的接班人的，可能就是他的第四个儿子燕王朱棣。

他秘密召见了驸马都尉梅殷。这个梅殷是朱元璋最喜欢的女儿宁国公主的丈夫。据野史记载，朱元璋告诉梅殷说："燕王不可不虑。"

此时才想起此事，实在太晚了。就在晋王死后三个月，朱元璋也病死于南京宫中，终年七十一岁。

史书中有一份朱元璋的遗诏，遗诏中除了留下了一些朱元璋受天命勤政治国，让天下同心、服从朱允炆的领导之类的话，还有一个很有意思的安排（谷应泰《明史纪事本末》卷十五《削夺诸藩》）：

> 诸王临国中，无得至京。王国所在，文武吏士听朝廷节制，惟护卫官军听王。诸王不在令中者，推此令从事。

这份遗诏的核心内容，一是不让诸王到京师来；二是明确了全国军队必须服从于中央，任何人都不能指挥，诸王只能指挥自己的护卫。

朱棣得到父皇病逝的消息后不敢耽搁，带着几个儿子和随从星夜赶往京师南京。没想到的是，当他赶到淮安时，就遇上了从南京赶来的锦衣卫校尉潘安。潘安拿出朱元璋的遗诏。朱棣一看，只得让自己的三个儿子去京师奔丧。

此事虽然出于无奈，但也引出许多问题来，成了诸王不满朱允炆、批评朱允炆的借口。

朱棣传

第七章

京城民谣

1. 齐黄当政

朱元璋病逝后朱允炆即位，第二年改年号为建文。

当初皇太孙朱允炆虽然被定为皇位的接班人，但是藩王的事都由朱元璋处理，因此在政务方面，朱允炆并没有与藩王正式接触过。如今朱元璋不在了，一切都要由朱允炆亲力亲为。接触一多，麻烦必然就多，更何况有些藩王本来就觊觎皇位。

不过，朱允炆毕竟是朱元璋指定的接班人，朱棣他们不好立刻翻脸，所以朱棣就把这一切算到朱允炆身边那些官员们的头上。他说，自己之所以不能来京师奔丧，就是那些“用事者”矫诏阻拦的缘故。

那么朱棣说的这些“用事者”都有谁呢?

所谓一朝天子一朝臣。在中国古代，不论皇太子，还是皇太孙，一旦确定名分，皇帝就会在他们身边安排一批官员，专门为其服务，这些官员就叫东宫官。等到太子或者太孙当了皇帝，这些官员就顺理成章地成了新朝的重要大臣，权力往往比老臣要大。此外，在任官员中也有一些可以信任的，他们往往在新皇帝还是皇太子或者皇太孙的时候就被看中。

朝中确有几个受朱允炆信任的人。

首先是兵部尚书齐泰。齐泰是应天府溧水人，起初叫齐德。洪武十七年（公元1384年）解元；次年会试，又考中进士，先后在礼部、兵部任职。洪武二十七年（公元1394年），因为连续九年没有过失，被选中陪同朱元璋参加祭祀郊庙的仪式。这一次，朱元璋赐了他一个新名字——齐泰。

齐泰为什么能够升迁得这么快呢？说起来他确有过人之处。据说有一次，朱元璋偶然问起守边将领的情况，齐泰竟然一个不落地讲了出来。朱元璋很是吃惊，再问图籍之事，齐泰立即从袖子里拿出一本手册献上。朱元璋翻开一看，上面简要地标绘了边防要地的情况，十分清晰。朱允炆当皇太孙时，就听说了这些事情，也认为他是有用之才，所以登基之后，就把齐泰升为兵部尚书，让他参与朝廷机要。

另一位重要人物就是黄子澄。当初朱允炆忧虑诸王势大，就是黄子澄对他进行了劝慰。朱允炆即位后便任命黄子澄为太常卿兼翰林学士，跟齐泰一起参与国政。他见到黄子澄就问："先生还记得当初咱们在东角门说的那些话吗？"黄子澄当即表态："臣不敢忘。"回去后，便去找齐泰，商量对付藩王之事。

2. 削夺诸藩

对付藩王的办法早就有了，那就是削藩。但是历来削藩都会引起藩王造反，从汉朝七国之乱，到晋朝八王之乱，都是血淋淋的历史教训。如今藩王势力这么大，要是不削藩，朱允炆这个皇位肯定坐不稳；要是削藩，如果藩王起兵叛乱，该怎么办呢？

齐泰从用兵的角度考虑，提出"擒贼先擒王"的主张。这时燕王势力最强，又是诸王所向，如果把他削掉，其他藩王也就成不了气候了。

黄子澄是翰林学士，是纯粹的文人，做什么事情都要讲点道理。他说：“燕王又没有什么过错，只因为势力强大，就要削掉，别人会议论的。要削也得从犯错误的藩王入手，这样才合情合理。”他又说：“周、齐、湘、代、岷诸王，在先帝时就多有不法之事，削之有名。如今要问罪，就要先从周王下手。周王是燕王的同母兄弟，削了周王，就好比剪除了燕王的手足。”

黄子澄这番话说服了齐泰，齐泰不再坚持擒贼先擒王了，两人商量好了以后，准备第二天就启奏。

周王朱橚被封藩在河南开封，是一位多才好学的藩王。因为多才，难免有些恃才自傲，做了一些胆大妄为的事情。

周王的二儿子被封为汝南王。按照明朝的分封制度，亲王的嫡长子叫世子，亲王去世，就由世子袭封，仍旧为周王，次子被封为郡王。汝南王一心想继承王位当周王，把父兄视为眼中钉。他知道朝廷有削藩的意图，就想趁机把父兄干掉。于是他主动向朝廷告密，说周王和世子图谋不轨。这正是齐泰、黄子澄求之不得的借口，于是他们让曹国公李景隆带兵北上，表面上是去北边边防，但到开封时突然将周王府包围，把周王抓到了京师，紧接着将其发配到了云南蒙化。不久，周王又被召回京师，被禁锢在凤阳高墙之中。“凤阳高墙”就是朱元璋为了处罚有罪的宗室，在凤阳建立的一座专门关押他们的监狱。

抓周王这件事做得并不高明。周王倒霉，并不是因为他是诸王当中最罪大恶极的人，是因为他是朱棣的同母兄弟。朱棣对此心知肚明。他也不回避这件事，当即给朱允炆写了一封奏书（《明太宗实录》卷一）：

> 若周王橚所为，形迹暧昧，幸念至亲，曲垂宽贷，以全骨肉之恩……如其迹显著，祖训且在，臣何敢他议？

朱棣说周王犯错，他没有什么可说的。只望朱允炆体祖宗之心，“廓日月之明，施天地之德”。

朱允炆本就是仁柔之人，一提到亲情，还真有点动心。这下可把齐泰和黄子澄急坏了。两人私下商议说：“皇上这是妇人之仁，是要坏大事的。”他们跑去找朱允炆，极陈利害。朱允炆听了齐泰和黄子澄的话，削藩的决心又坚定起来。

其实诸王当中，比周王形迹恶劣的有的是，比如代王朱桂。史书记载，他后来恢复王爵，恶习不改，带着一批打手，光天化日之下强抢民女，官民怨惧。对这样的藩王下手，还是比较有说服力的。可惜的是，朱允炆还是首先削废了周王。这样一来，有人知道了朝廷的心思——朝廷的目标不是作恶的藩王，而是全部削废，就趁机告变邀功，有告齐王的，有告岷王的，还有告湘王的。湘王朱柏是个文雅之人，不大招惹是非。被人告发，无以自明，关起家门自焚而死。

3. 程济谶语

朱允炆的削藩闹得人心惶惶，一下子把所有藩王都推到燕王朱棣那边去了。于是又有人提出了“不要削藩，要推恩”的主张。

历代对付分封势力的办法主要有两种：一种是削废，另一种是推恩。汉朝的贾谊就说过这样一句话：“欲天下之治安，莫若众建诸侯而少其力。”还有一个叫主父偃的人，就反对晁错的削藩论，主张对诸王之子大肆分封推恩。所谓“推恩”，就是把皇帝的恩典推及所有皇亲。在北方当藩王的，就把他的儿子封到南方；在南方当藩王的，就把他的儿子封到北方。不分嫡长，一律封为王。这样一来，诸王越来越多，力量却越来越小，不用削藩，其力自削。这种主张也不是没有道理，可问题在于，推恩是需要时间的，要经过几代人才能看到效果。如果从朱元璋那会儿就这么干，可能还有点作用。眼下藩王已威胁到皇位了，再搞推恩，于事无补。

难道满朝文武中就没有一个有头脑的吗？就没有一个人能够拿出解决方案吗？这倒也不是，比如当初齐泰就提出过“擒贼先擒王”的主张。可惜秀才当朝，魄力不够，黄子澄一劝说，就改了主意。当时还有一个名叫卓敬的户部侍郎，他向朱允炆提出将燕王朱棣迁到南昌的建议，这种方法叫作“徙封”。可惜这个办法没有被采纳。

当时已经削废了周、齐、湘、代、岷五个藩王，而朱允炆仍迟迟不肯对朱棣下手，周围人都有些着急了。这一天，朱允炆收到了一份四川岳池教谕程济的奏疏。程济说他能算知天命预测未来，他在奏疏中说：“北方兵起，期在明年。”意指明年北方将要发生军事政变。朱允炆看到奏疏后，说程济是“无端妄言”，让人把他逮到京师，要将他处死。程济大喊“冤枉”：“你们先把我关起来，到了明年，如果证明我说对了，就放了我；如果我说错了，再杀不迟。”

既然已经下决心将削藩的矛头指向燕王朱棣，拖下去只会越来越棘手。于是不断有人将燕王要造反的情况报告给朝廷，当时叫“告变”。

朱允炆把齐泰、黄子澄找了来，君臣之间发生了下面的对话。

朱允炆说：“现在不断有人来告变，说燕王装作有病，其实是要造反，你们看该怎么办呀？”

齐泰、黄子澄回答道：“如今我们所顾虑的只有燕王了，陛下您来定机下手吧。”

朱允炆说：“我即位不久，已经接连削废了好几个藩王，如今再削废燕王，该怎么向天下人解释呢？”

黄子澄答：“先发者制人，后发者制于人。陛下千万别落得为人所制呀。”

朱允炆说：“燕王足智多谋，善于用兵。如今虽自称有病，恐怕仍然难以对付呀。”

商量来商量去，最终决定不立即削藩，先做点准备。

洪武三十一年（公元1398年）旧历十一月，朱允炆先把工部侍郎张昺派到北平，当了北平布政使；又派了谢贵、张信去做北平都指挥使，让他们秘密注意燕王朱棣的举动。

第二年，也就是建文元年（公元1399年）三月，朱允炆又调动军队在北方进行部署，一些重镇，像开平、山海关、临清、德州都有朝廷的军队驻守。同时把燕王府的护卫调了出来，当初跟随朱棣第一次北征立功的燕王府护卫蒙古骑兵指挥观童被调往南京。

就在这时，南京城里出现了一件怪事。有一个道士，在街上一边走，一边唱：“莫逐燕。逐燕燕高飞，高飞上帝畿。”（谷应泰《明史纪事本末》卷十六《燕王起兵》）

表面上看是说别去驱赶燕子，你要是驱赶它，它就会越飞越高，一直飞到帝畿去。帝畿，就是皇宫。燕王的“燕”和燕子的“燕”是一个字，别去驱赶燕子，是不是在说别去驱赶燕王？

这样的民谣，其实是一种谶语，也是对朱允炆和齐泰、黄子澄削藩之举的警告。那道士说不定是燕王朱棣派来的人，就是要造成这样一种舆论。这场生死之争，由此揭开了序幕。

朱棣传

第八章

真戏假作

1. 备战王府

就在朱允炆策划怎么对燕王下手的时候，燕王病重。

当初晋王朱棡想要找碴儿的时候，朱棣就曾称病归藩，这一回他又故技重施。不过这次朱棣还真的有两桩心病。

一是他的三个儿子都在京师南京。这三个儿

子已经成为朝廷的人质，一旦与朝廷对抗，他们就没命了。二是王府长史，也就是燕王府的官员葛诚，他进京归来后神色有异，经常跟王府护卫指挥卢振鬼鬼祟祟的。显然，这两个人已经成了朝廷的内应。而此时，燕王府里能够调动的护卫已经不到一千人了。幸亏朱允炆没有准主意，才给了朱棣借病考虑下一步行动的时间。

据说在此之前，燕王府来了一位看相的相士，名叫袁琪。朱棣想试试他的本事，就身着护卫的服装跑到一家小酒铺里喝酒。袁琪来到酒铺后，一眼便认出朱棣来。回到燕王府，朱棣让袁琪再给他看看相，袁琪看了片刻，说："您走起路来，龙行虎步，日角插天，这是太平天子的面相呀。"与此同时，燕王府里还来了一个名叫金忠的算命先生。袁琪、金忠整天和燕王府的护卫混在一起，给这些人算命、看相，全都许以公侯将帅，说得众人皆大欢喜，更决心帮助燕王朱棣打天下了。等到这些事闹得世人皆知时，朱棣又假装生气，将袁琪赶了出去；待袁琪走到通州，朱棣又派人秘密将他接回燕王府。

这些事情，听起来神乎其神，其实后面另有玄机——有那么一个潜伏在幕后的人，在操纵着这盘棋。

过了旧历十月，天气一天天冷了下来，这一天正在朱棣想着对付朝廷削藩的计策时，道衍和尚走了进来。朱棣对道衍说：“我出一副对联，大师对个下联怎么样？”道衍答：“行，殿下请讲上联吧。”朱棣就说了：“我这个上联是字谜的联，‘天寒地冻水无一点不成冰’。”那时候的“冰”字经常被写成“水”字左上角加一点，所以他说“水”字要是没有这一点，就成不了“冰”字。道衍和尚听后，随口对出下联：“世乱民贫王不出头谁做主。”道衍和尚不讲天气，他讲的是时政，也对了一个字谜，他说“王”字如果不出头，就不是“主”字，如果出了头，就是“主”字了。他的意思是让朱棣去夺取皇位。

朱棣让道衍占卜，于是道衍拿出三枚铜钱，让朱棣掷到桌子上。朱棣刚掷出一枚，道衍就说：“我知道了，殿下是想预卜能否得到皇位。”道衍如此敏锐地捕捉到朱棣的心思，把朱棣吓了一跳，连忙让他不要乱讲。而道衍却给朱棣讲了一番起兵夺位的道理，他说：“如今皇帝猜疑宗室，已经有五个藩王被削废掉。殿下您是如今朝廷最忌惮之人，虽然尚未削废到您头上，但您能够幸免吗？殿下您所处燕地，地势险要，老百姓多习弓马善骑射，动员一下，可征兵三十万，存粮亦足十年。如果以殿下护卫中的精兵良将为核心，动员军队南下，平山东，下淮南，谁能抗拒？如果殿下不这样做，坐失良机，朝廷先发制人，您还能高枕无忧吗？早晚会成为任凭人家处置的一介匹夫。我猜想殿下您的想法，应该跟我一样。”

原来道衍和尚才是那个隐于幕后的策划高手，袁琪、金忠都是他推荐给朱棣的。他可不是那些只会纸上谈兵的儒臣，他绝对是行动派。他既然说要帮助朱棣起兵，做起事情来就雷厉风行。燕王府建在元朝故宫基础之上，殿院深邃，于是道衍率王府护卫在后苑操练；又在燕王府中深挖地穴，建起高墙，派工匠在里面日夜打造兵器。为了不让人听到打造兵器的声音，又在上面养了大量鹅鸭。这些鹅鸭终日嘎嘎叫，刚好将打造兵器的声音掩盖了起来。

2. 暴昭告变

建文元年（公元1399年）三月，按察使陈瑛来到北平。陈瑛调来之前，曾任山东按察使，手段强硬，朝廷把他调到北平做按察使的目的是加强对燕王的监视和控制。燕王朱棣当然也知道朝廷调陈瑛来的用意，可是对这样位高权重的地方官员，朱棣还是要想办法结交的，他派人秘密给陈瑛送去金钱。没想到的是，陈瑛居然欣然接受。这下朱棣可就高兴了，拿人手软，这显然表明陈瑛接受了他的收买呀。可他还没高兴几天，这件事就被人知道了，而且被实名举报。陈瑛马上被逮到京城，给予严肃处罚，被贬到广西去了。

陈瑛事发后，朝廷更加小心，再派去北平的官员，都要经过审查。后来又派了刑部尚书暴昭为采访使。暴昭到北平后立刻了解了大概情况，他写了一份报告，派人火速送到京师，交给朱允炆。

可是就在此时，朱允炆也收到了一份朱棣的报告。朱棣在报告中说自己病情严重，请朝廷让他的三个儿子回来见他一面。朱棣是想赌一把，试试这份报告能否让朝廷放他的儿子一马。

朱允炆找来了齐泰和黄子澄，拿出朱棣请求让儿子们归藩的报告，问他们意见。齐泰说："既然报告说，燕王朱棣在北平准备造反，干脆现在就把他的三个儿子抓起来，明确作为人质，用他儿子的性命来牵制朱棣，让他不敢轻举妄动。"黄子澄不同意，他说："现在燕王朱棣不是还没造反吗？抓起他的三个儿子来，不是等于授之以柄吗？他要是以此为借口起兵造反，可就麻烦了。我看不如就按他的请求，把他的儿子们放回去，让他一时放松警惕，我们再乘机袭击，一举可成。"最后，朱允炆采取了黄子澄的建议，同意放朱棣的三个儿子回北平。

魏国公徐辉祖是开国功臣徐达的大儿子，得知朱允炆要放朱棣的三个儿子回北平，急忙赶来劝阻。徐辉祖的姐姐是朱棣的王妃，他是朱棣的小舅子，朱棣的三个儿子是他的亲外甥。可是他太了解朱棣了，他对朱允炆说：“我这三个外甥中，老二朱高煦是悍勇无赖之徒，非但不忠，而且不孝。如今放了他们，就是放虎归山，将来必成大患。”

朱允炆听了这番话，将信将疑，又找来徐辉祖的弟弟徐增寿询问。徐增寿虽然是徐辉祖的胞弟，但他们两人在这场叔侄争位的斗争中立场不同，他跟朱棣关系特别好，所以竭力帮朱棣说话。朱允炆听了，又相信了徐增寿的话。

朱棣的三个儿子分别叫朱高炽、朱高煦和朱高燧，这三个年轻人得知获准回北平，如获大赦。朱高煦唯恐夜长梦多，偷偷跑到舅舅徐辉祖的马厩里偷来几匹好马，深夜就动身出发了。等到徐辉祖发现再派人去追赶时，兄弟三人早已渡过长江，扬长北去了。

朱高煦虽然唯恐朝廷派人追赶，狼狈北逃，但一路之上还是劣性不改。有人多看他一眼，他便怀疑是朝廷密探，将其杀死。经过涿州时，因为距离北平很近了，他就更加放肆，住在驿站中，稍有不满，就将管驿站的驿丞暴打一顿。地方官将此情形上报到朝廷，举朝惊愕，官员们纷纷上书。

朱允炆后悔也晚了，兄弟三人已顺利回到北平，朱棣终于跟三个儿子团聚了。朱棣本来没指望朱允炆放了他的三个儿子，所以见儿子们回来，他喜出望外，第一句话就是："我父子能够团聚，实乃天助!"

朱棣还没高兴几天，到了六月时，燕王府又出事了。

王府护卫之间素有来往，其中有三个人来往甚密。这三个人中有两个人参与了起兵的准备，有一个没有参与。这两个参与了密谋的军官对另外一个军官也不大保密，于是这个未参与谋反的军官就向朝廷告密，说他有充分证据证明燕王府里有人要谋反。不过他只是个下级军官，只知道那两个军官所说的情况，别的事情他一概不知。结果那两个倒霉鬼被抓到京师处死了。朱棣眼睁睁地看着手下人被杀，也无能为力。因为这时他还没有准备好，还不能轻举妄动。

3. 张信反水

这一次到燕王府抓人，意味着朝廷对燕王朱棣下手的时间不远了。

形势越来越紧迫，装病是混不过去了，朱棣索性装起疯来。他一会儿在大街上高声狂呼，一会儿到饭铺里抢饭吃，一会儿又卧倒在大街上，呼呼大睡。这样一来，整个北平城都知道燕王被朝廷逼疯了。

朱允炆派到北平的地方官张昺和谢贵听说了这一情况，不敢轻信，于是借口探视病情，来到燕王府。他们俩由王府的人带着，来到朱棣的房间。只见朱棣坐在火炉边上，身上披着被单，浑身哆嗦，一个劲地喊冷。这时正是旧历六月，阳历七月，是北平最热的月份，大家都感到暑气逼人，而朱棣却嚷着“好冷啊”。两人不由吃了一惊，心想，难道朱棣真的疯了。朱棣确实有病。他受父皇朱元璋之命常年征战北方，有风湿的毛病。风湿病畏寒不畏热，王府宫殿高大阴森，虽然是酷暑天气，但屋里并不热，加上湿气重，朱棣烤火还真对他的风湿病有好处。

燕王府的长史葛诚早就效忠朝廷了，他唯恐张昺和谢贵上了朱棣的当，等两人离开王府后，就跟了出来。他悄悄地告诉张昺和谢贵：“二位可千万别上当，燕王他根本没病，这是他装的。你们千万不要因此而有所松懈，一定要严密注意燕王府的举动，一旦朝廷有命令立即下手。”

双方就这么僵持着，谁也不敢轻易先动手。后来齐泰听说燕王府有一个百户长到京城办事，就趁机把他抓了起来。严刑拷打之下，这个百户长就把他知道的燕王府准备起兵的情况供了出来。齐泰连忙向朱允炆做了汇报，到此朱允炆才下定决心，命令都指挥使张信逮捕燕王。

张信的父亲是临淮人，算是朱元璋的旧部，做到了指挥佥事。父亲死后，张信就接替父亲当了指挥佥事。后来因为有功，升至都指挥使。朱允炆即位后，有人推荐张信智勇双全，于是朱允炆便把他调到北平都司任都指挥使。此时，张信跟同时赴任的张昺、谢贵一起接到密令，要去对付燕王。可张信打心眼里不愿意干这件事，他回到家里，心情很不好。母亲看出他有心事，就追问他。张信就把自己受命的情况对母亲讲了。母亲听后大吃一惊，忙说："这事你可不能去干。你父亲在世时经常对我说，帝王之气就在燕王那里。你如果按照朝廷的命令做，闹不好是要有灭门之祸的。"

张信感到事态紧迫，斟酌再三，决定听母亲的话，在这场斗争中投靠燕王。他不敢迟疑，匆匆赶到燕王府，想向燕王朱棣说明当下的情况。可是朱棣不明白张信的心思，对他存有戒心，在这么关键的时刻，还是避而不见为好。

张信一连三次来到燕王府，都被王府的人以燕王朱棣病重为由，拒之门外。张信急中生智，改乘妇女乘坐的小轿，假装是王府内眷，混了进去，终于在病榻前见到了朱棣。

朱棣先是吃了一惊，但很快镇定下来，仍然装病躺在床上。

张信开门见山地说："我知道燕王殿下没有病。如果殿下真的有病，也请直言相告。"

朱棣听了，不知如何回答是好，只好硬着头皮坚持说："我确实身患重病，如今只能坐等一死了。"

张信听后说："虽然殿下不肯对我讲实话，我却可以实言相告，如今我就是奉了朝廷密旨前来捉拿殿下的。如果殿下真的坐等一死，那也不必等了，即刻随我赴京吧。可是如果殿下您另有主张，那也不必再隐瞒了，就对我实话实说了吧。"

朱棣叹了口气，对张信说："生我一家者，将军也！"他立刻从病榻上下来，命人把道衍和尚等人请进来，急定起兵之计。

第九章

风云变幻

1. 计擒张谢

这边张信闯入燕王府告密，那边张昺、谢贵也开始了行动，调军队入城，加强防务，同时派人奏报朝廷，请旨动手。朱允炆得到奏报后，很快给了回复，批准立即逮捕燕王府的官员。

建文元年（公元1399年）旧历七月六日，北平布政司的吏员李友直得到张昺收到的朝廷派发的秘密文件。他看后不由大吃一惊，急忙来到燕王府。

朱棣听说又有一个布政使司的办事员前来投靠，将信将疑。这可把李友直急坏了，他拿出偷来的朝廷密件让人交给朱棣，并且死也不肯离开王府。朱棣这才相信了他。

朱棣知道张昺、谢贵就要来王府抓人了，再不动手，就只能坐以待毙了，于是火速命王府护卫指挥佥事张玉、千户朱能率护卫军入府。

护卫千户朱能对朱棣说："擒贼先擒王，先擒为首的张昺、谢贵，其众再多，也无能为力了。"

道衍和尚也献计说："朝廷不是派他们来王府捉拿官员吗？我们将计就计，将王府官员开列出一个名单来，交给朝廷的内使，让内使召张昺和谢贵进来抓人。等他们进入王府，我们再下手，那时只需一夫之力，就可以大功告成。我们再把壮士们安置在端礼门内，用来防备外面的军队，伺机而发。"

一切安排妥当后，朱棣就让人去请张昺、谢贵。起初他们不肯前往，后来见到朝廷内使，又见到王府官员的名单，才放下心来。他们率众来到燕王府门前，守门的护卫将他们拦了下来。按照明朝的制度，一般人是不能随意进入王府的。所以只有张、谢二人能进入，其他随从军士，一律在门外等候。

此时朱棣正拄着一根拐杖坐在院中，见他们进来，连忙赐宴行酒。二人见此情形，不好立刻发作，只得先坐下来应酬一下。

不一会儿，侍从送上西瓜，朱棣拿起西瓜，对他们二人说："这是刚刚献来的新瓜，请你们尝尝。"他们拿起西瓜尝了尝，确实不错。突然，朱棣大声说道："平民百姓之家，兄弟宗族之间，都知道互相关心。我身为天子的亲人，却连性命都不能自保于旦夕。既然已经到了如此地步，还有什么不可为的呢!"朱棣一边骂，一边将手中的西瓜扔到地上——这是他跟道衍和尚事先定好的暗号。四周埋伏的侍卫见朱棣发出暗号，一拥而出，将张昺、谢贵二人抓了起来；同时把作为朝廷内应的王府长史葛诚和指挥卢振也一起抓到朱棣面前。

张昺和谢贵带领的士兵们还在外面等着，他们对此一无所知。正当大家猜疑不定之时，传来了张昺等人被杀的消息。一个名叫彭二的都指挥使见势不妙，骑马奔呼于街市，一下集结了千余人。可是这千余名士兵，乃是乌合之众，临时凑到一起，指挥不灵。到了燕王府前，正遇到从王府里冲出来的护卫。领头的张玉、朱能首先将彭二杀死，众兵士一见主将被杀，只能作鸟兽散。

2. 八百壮士

建文元年（公元1399年）七月六日的夜晚是一个不眠之夜，北平城内一片混乱。张玉、朱能率领燕王府护卫杀出王府，与朝廷军队在城里展开了巷战。王府护卫人数虽少，但是十分精悍，而且准备充足，指挥有序；朝廷军队人数虽多，但远不及燕王府的护卫精悍，而且指挥混乱。到了黎明时分，燕王的护卫已经占领了北平九门中的八个城门，只剩下一个西直门没有被攻下。

虽然朝廷的军队大部分已经退出北平城，但仍然集结在北平的周围，随时可能再次围攻北平。所以燕王朱棣必须尽快攻克所有城门，控制整个北平城，以此保证下一步计划的实施。

燕王府护卫军官指挥唐云德高望重，很受军士们的信任，于是朱棣请他出马。他就像平日一样，不着盔甲，单骑来到西直门，对守门的将士们说："你们还不知道吧？如今朝廷已经跟燕王讲和了，准许他自治一方，北平以后就归他管了。你们还不赶快散了，走晚了燕王要杀人了，到时候可别怪我没有告诉你们呀。"心理战术就是这么奏效，守门将士听了，信以为真，一哄而去，西直门就这样不战而获，燕王朱棣在一夜之间控制了整个北平城。

燕王朱棣之所以能够倚靠八百人在一夜之间控制朝廷布控严密的北平城，其中的原因应该有四点：

首先，朱棣在北平当燕王已经二十多年了，在北平可谓根深蒂固。朝廷虽然派来了不少官员，也调动了不少军队，但是有一句话叫作“强龙压不了地头蛇”。燕王朱棣在北平可谓是实实在在的地头蛇了。

第二，燕王朱棣准备充足。虽然朝廷不断调走他的护卫，可是他还是保住了这最后的八百名精锐；而且他以王府为据点，在里面集中人力打造兵器，这些都是他起事的本钱。

第三，燕王朱棣下定决心，义无反顾。相反的，朝廷方面犹豫不决，这就使得受命执行的官员不敢采取强硬手段，给了燕王朱棣更多的机会。

第四，也是最重要的一点，朝廷方面用人不当。派去的张信投靠了燕王朱棣；张昺、谢贵莽撞行事，使得朝廷军队失去统一指挥，一战即溃。

总之，从燕王朱棣起兵之初的这场斗争中，就可以看出双方的优劣，谁强谁弱，已经初见端倪了。

七月初七这一天，朱棣聚集将士，誓师起兵。他在动员大会上，说了这样一段话："我太祖高皇帝、孝慈高皇后嫡子，国家至亲。受封以来，惟知循法守分。今幼主嗣位，信任奸宄，横起大祸，屠戮我家。我父皇母后，创业艰难，封建诸子，藩屏天下，传续无穷。一旦残灭，皇天后土，实所共鉴。"（《奉天靖难记》）

封藩这件事本来就是朱元璋的安排，削藩，就是有违太祖高皇帝的安排。

他接着又说："《祖训》云：'朝无正臣，内有奸恶，必训兵讨之，以清君侧之恶。'今祸迫予躬，实欲求死。不得已也。义与奸邪不共戴天，必奉天行讨，以安社稷。天地神明，昭鉴予心。"（《奉天靖难记》）

这段话主要讲了两点：一是朱允炆违背了太祖朱元璋的分封安排；二是太祖朱元璋说过，朝中若有奸恶，可以起兵清君侧。言下之意就是，他完全按照太祖高皇帝的指示办事，是正义之师。

朱元璋留下的《皇明祖训·法律》中是这样记载的：

> 如朝无正臣，内有奸恶，则亲王训兵待命，天子

> 密诏诸王，统领镇兵讨平之。既平之后，收兵于营，王朝天子而还。如王不至，而遣将讨平，其将亦收兵于营，将带数人入朝天子，在京不过五日而还，其功赏续后颁降。

不管怎样，朱棣找到了起兵造反的理由，他不说朱允炆如何如何，只说朱允炆身边有奸臣，他是出师有名。

正当誓师大会进行时，天色骤然暗了下来，紧接着，狂风暴雨大作。王府宫殿上的瓦片都被刮落下来，摔得粉碎。参加誓师的人都不知所措了，这也太不吉利了，还没出师，就遇上这样极端的天气，这意味着出师不利呀。

正在大家有些慌乱之时，一个身着袈裟的人迎着大风大雨向朱棣拱手道："恭喜殿下，这是吉祥之兆呀！"周围人听了这话，全都安静下来。只听他继续说："飞龙在天，从以风雨，殿瓦坠落，这预示着殿下您要更换黄瓦了。"明朝制度规定，王府的宫殿上只准用绿色的琉璃瓦，只有皇宫才可以用黄色的琉璃瓦。换黄瓦，言下之意就是要当皇帝了。

誓师一结束，一场真正的战争也就拉开了序幕。

朱棣传

第十章
师出有名

1. 奉天靖难

朱棣在道衍和尚的帮助下，在大风中誓师起兵，并且打出了“清君侧”的旗号。他提出的口号是“靖难”，意思是平定国难；而后又在“靖难”前面加了两个字“奉天”。“奉天靖难”是说他的行动是服从上天的意志，也为他以后夺位登基加上了“顺应天意”的包装。

朱棣既然自称是“靖难”之师，他就要按照“祖训”上的要求，“训兵入朝”。于是，朱棣留下道衍和尚等人辅助他的大儿子朱高炽守卫北平，自己率领一部分部下前往通州，打通南下的通道。朱棣是个聪明人，他知道起兵后的第一仗只能取胜，不能失败，所以他选择了通州。

通州的守将名叫房胜，是当年朱棣北征时的旧部。朱棣在北平起事的当天，房胜就率部举城响应。因此，朱棣进取通州，只是个形式，而且是件鼓舞士气的事情。

开始时，朱棣想直接挥师南下，可是他身边的大将张玉劝他不可操之过急。这时，北平周围都是朝廷军队，他们虽然没有立刻进攻北平，但都在以守待进，等候朝廷旨令。如果朱棣率众南下，中途不利，朝廷又命军队进攻北平，到那时可就腹背受敌了。朱棣因此打消了南下的念头，采纳了张玉的建议，先消除北平周边的威胁。

当时北平周边的朝廷军队主要集中在三个地方：东边的蓟州、北边的居庸关、西北的怀来。敌众我寡，如果仅仅守卫北平，等到朝廷军队兵临城下，必然陷于被动挨打的局面。所以朱棣要想取胜，必须主动出击，趁敌人尚未准备充分之时分头击溃。

他选择的第一个进攻目标是东边的蓟州，大将朱能率师出击。结果蓟州守将马宣被俘而亡，指挥使毛遂率部投降。蓟州陷落后，遵化、密云守军也先后归附朱棣。

攻下蓟州后，朱棣的第二个目标就是居庸关。居庸关地处南口到八达岭的一条长达四十里的峡谷之中，这条峡谷被称为“关沟”，是北平北边的门户。居庸关是关沟的指挥中枢，地势险要，历来为兵家必争之地。

正在朱棣攻打蓟州之时，北边居庸关的朝廷守军已经集结起来，扼关待进。朱棣得知消息后，急忙改变行动策略，回师对付居庸关守军。他对部下说：“居庸关让别人占领，就好比自己家的后门落在别人手中。如果不趁其立足未稳之时，尽快夺回来，等到他们增兵固守，再想攻取，可就太困难了。”

旧历七月初八，刚刚攻下蓟州，三天后，朱棣已经率军突袭居庸关下了。朝廷方面的守将没想到朱棣行动如此迅速，只好败走今天河北的怀来。

怀来的守将名叫宋忠，他领兵三万驻扎于此，成为离北平最近、威胁最大的一支朝廷军队。居庸关的溃军败走怀来后，这支军队又增加了力量，成为朱棣的心腹之患。

2. 智取怀来

朱棣找来部将，商量对付怀来守军的办法，结果出现了两种意见，一种主张主动进攻，攻取怀来，消除后患；另一种主张驻守以待。

说起来，这两种意见都有道理，也都是出于敌强我弱的考虑。主动进攻，并没有十足的把握取胜，万一进攻不利，徒耗兵力。再守北平，敌人乘势来攻，形势必然不利。固守当然会稳妥一些，但是会陷于被动。如果敌人一时不来，等到朝廷大军汇集，就会失去战机。

朱棣起兵的主旨不是割据北平，而是南下京师，夺取皇位，所以他的军事部署是以进攻为主的。如果起兵之初就坐守北平，势必造成军事上的被动。所以，经过四天考虑，到了七月十五日，朱棣决定亲率精锐八千人，卷甲倍道而进，火速奔袭怀来。

怀来的守军中，有不少朱棣的旧部，他们虽然被调来以守边之名防止朱棣起兵，但其实并没有心思跟燕王的军队作战。他们的家属子弟都还在北平城里，所以他们对北平的情况十分关注。都督宋忠当然了解军心，于是想出了一个好办法。

宋忠对原燕王府的护卫说：“我真为你们难过呀。没想到燕王如此狠毒，我得到可靠消息，因为你们跟随朝廷备边，他就把你们在北平城中的家属全都给杀掉啦!”他想用离间之计激起将士们的复仇之心。果然，一些将士信以为真，群情激愤，宋忠便下令将他们组成了一支先锋部队。

宋忠的这个计谋确实好，可是行不通，因为朱棣早就从俘获的间谍口中得知了全部情况。七月十六日，朱棣对怀来发起了进攻。他也组织了一支先锋部队，这支部队几乎由被宋忠拣选的那些燕王府护卫的家属组成。

等到两军阵前相遇时，宋忠那边就乱套了。因为将士们看到自己熟悉的旗帜，又看到自己的家人，先是吃了一惊，接着立刻明白是怎么回事了。朱棣这边的将士乘机喊起来：“大家别听信宋都督的话呀。我们本来就是燕王的人，干吗上别人的当呀?”于是群情激昂，一呼百应，一致把刀枪对向了宋忠。

燕军乘机进攻，渡过妫河，涌入怀来城中。朝廷守军大败，被俘被杀的就有几千人，其余全都溃不成军。宋忠一看大势已去，又无路可逃，居然躲到茅房里，但是很快就被燕军士兵搜了出来。

怀来一战后，永平守将也以城归附朱棣。这样一来，北平西边和北边的重镇全都落入朱棣手中。朝廷方面的守军只占据着更远一些的大同、大宁，这些地方虽然也是军事重镇，但是距离北平远了许多，一时间对北平构不成直接的威胁。

朱棣攻打怀来的时候，大同守军曾经出兵援救，但是没想到怀来失守得这么快，还没来得及救援，怀来就陷落了。于是这支军队又退了回去。另外一支前来救援的朝廷军队是大宁的守军。大宁地处喜峰口外，是朱棣的第十七弟宁王朱权镇守的地方。因为是北边重镇，朱元璋又特别喜欢这个儿子，所以朱权的兵力最为强大。得知朱棣起兵，都督刘贞等人率领大宁的十万军马进入松亭关，准备进攻被燕军占领的遵化。但是他们还没有攻打遵化，就得知了怀来失守的消息，接着朱棣率师来援，于是他们决定不再攻打遵化，又退回到松亭关，守关不出。

这是一件很让朱棣头痛的事情。这样一支强大的兵马，虽然驻守不战，却是一个极大的隐患。如果燕军集中力量攻打松亭关，对方有十万人马，一时也很难取胜；如果回师北平，他们又有可能攻打遵化。面对这样一块难啃的骨头，朱棣到底该怎么办呢？

所谓“知己知彼，百战不殆”，朱棣于是开始了新的部署。

表面上看，大宁的这支军队是在松亭关扼关待进，等候朝廷北伐之师，然后与之形成南北夹击燕军之势。但朱棣派人了解这支军马的内情后，发现也不尽然。

这支军队的主将一共有三名。第一名是都督刘贞，年事已高，既无斗志，也无谋略。副手是都督佥事陈亨。陈亨曾经做过燕王手下燕山卫的指挥佥事，算是燕王朱棣的旧部，与朱棣的渊源极深。他也是奉命而来，并不想与燕军作战。这支军队里的第三把手名叫卜万，是个都指挥使，地位虽然比不上都督和都督佥事，但是直接指挥军队。卜万与朱棣没有什么关系，又年富力强，为朝廷效力心切，在这场战役中有着举足轻重的作用。因此想要解除大宁军队的威胁，就要除掉卜万。

3. 巧计反间

《三国演义》里有一个著名的故事，叫“蒋干盗书”。蒋干是曹操的谋士，赤壁大战前夕去劝降周瑜，盗走书信，结果害曹操杀了自己的两员大将。这便是著名的“反间计”案例。

朱棣同样安排了一场“反间计”，他先写好一封给卜万的书信。在这封书信里，朱棣故作与卜万素有交情的样子，用了不少称誉之辞；同时朱棣也说了陈亨不少坏话，即史书上说的“诋毁之辞”。他让人找来一名被俘的大宁士卒，好酒好肉招待一番，还给了他不少赏赐。朱棣把信交给他，藏到衣服里，说让他带回去交给卜将军。同时又找来一名被俘的大宁士卒，什么也不给他，但是故意让他窥知对前一名士卒招待赏赐的情况，然后把两人都放了回去。

那个没有得到赏赐的士卒，愤愤不平，回去后就向刘贞、陈亨举报了那名得到好处的士卒。把他抓来一搜，果然找到了那封书信。卜万百口莫辩，被加了个“通燕”的罪名，下到狱中，还被抄了家。真正“通燕”的陈亨，反倒被当成与燕王朱棣势不两立的朝廷忠臣。朱棣的这招“反间计”果然有效，大宁军队从此驻军不进；加上有陈亨暗中相助，朱棣再无东北之忧了。

攻占了居庸、怀来，又设计阻止了大宁军马，这下朱棣可以集中力量对付朝廷的北伐之师了。朱棣写了一份布告——《告天下将吏军民书》，在这份布告里面说了这样几件事：

一、先帝去世，到底得的是什么病？为什么不让我们这些做儿子的知道，又不让我们这些做儿子的奔丧？

二、先帝是闰五月初十亥时去世的，寅时就收敛入棺，七日后就埋葬。过了一个月，才让我们这些藩王知道。这期间又拆毁宫殿，掘地五尺，变更祖宗宫殿法度，这些不同寻常的做法难道不需给个交代吗？

三、听信奸臣的话，屠灭亲王，危害社稷。我派人去奏事，被用以酷刑，制造大狱；任用恶少，调集官兵围杀于我。因此，我不得不起兵靖难。

四、如今朱允炆幼冲之龄，行乱无厌，淫虐无度，上天示警，无所省畏。

五、因为这些原因，我要号召天下将吏军民跟我一起靖难。你们如果听我的话，国家将平安无难，不然后悔莫及。

布告中说的这五件事，可谓步步为营，表面上是在说奸臣，其实是在说朱允炆。

这份布告可以看作是朱棣起兵后态度变化的一个转折点。以前他总是装作委屈的样子，说自己是被奸臣迫害而无奈起兵，要向皇帝朱允炆说明真相，取得皇帝的理解。现在不同了，几次漂亮的胜仗增添了朱棣的自信。北平一带的许多军事重镇都成了他的地盘，他已经可以跟朝廷叫板了。

现在轮到朱允炆和齐泰、黄子澄着急了。朱允炆找来群臣商议，大家又是七嘴八舌，主张不一。齐泰提出下诏书削废燕王的主张，并请儒臣方孝孺写了一篇诏令。诏令不长，却处处指向燕王朱棣，说过去对燕王一再原谅，现在不能再原谅了。要对付燕王朱棣，只有一个办法——命将出征，征讨燕师。

朱棣传

第十一章

老将出马

1. 选将北伐

征讨燕师说起来容易，可是谁能够担此重任呢？朝廷中的元勋宿将，都被朱元璋杀得差不多了。思来想去，只有长兴侯耿炳文是比较合适的人选。

耿炳文不但是开国功臣，而且出生在开国功臣世家。他的父亲曾跟随朱元璋起兵，死后由耿炳文承袭，继续带兵，镇守长兴十年，屡次击败张士诚。朱元璋称帝后，他因功封侯。在明初的功臣中，耿炳文虽然算不上多么出名，但毕竟是身经百战的老将。主将有了，下一步就是调集各路军马出征。当时计划调集三十万，结果只弄到了十三万。一晃到了旧历八月上旬，距朱棣起兵造反，已经过去一个月了，实在不能再等了。于是耿炳文挂征虏大将军印，率领这十几万人，浩浩荡荡地向北而去。

旧历八月十二日，“征虏大将军”耿炳文率师来到真定——朱棣起兵造反，占据了北平，北平布政司的官员大都降燕，朝廷只好把地方行政官署改设到了真定。朝廷的大军到了真定以后，前锋继续向前，进抵保定的雄县。

这是意料之中的事情，所以当朱棣得知朝廷大军前来的消息时，他并不慌张，并派大将张玉前去侦察敌情。张玉回来后对朱棣说：“南师此来，军纪涣散。主将耿炳文年老气衰，前锋潘忠、杨松有勇无谋。我们要想寻南下之途，可以先破潘、杨之军，再破耿炳文。”知己知彼，百战不殆，把敌军情况了解清楚后，朱棣心里也有了底，便按照张玉的汇报制定了一个袭取雄县的作战计划。

2. 月夜奇袭

朱棣全副武装，亲自率领燕军将士来到白沟河西岸一个叫娄桑镇的地方，这里与雄县只有一河之隔。

八月十五日，朱棣率领燕军悄悄渡过了白沟河，然后缓缓前进，神不知鬼不觉地来到雄县城下，潜伏起来，等时机一到，便发起进攻。

驻守雄县的这支朝廷军队一共九千人，算得上精锐部队。可是在潘忠、杨松率领下，十分骄傲放纵，仗着雄县城高地险，根本没有把燕军放在眼里。加上正值中秋佳节，将士们在城中饮酒赏月，也没有想到燕军会这么快攻到城下，因此毫无作战的准备。

朱棣见时机已到，下令燕军将士攀墙而上，登上了城头。守军发现燕军偷袭，只能仓促抵抗。最终雄县被燕军攻破，朝廷的九千守军全军覆没。

雄县战役刚刚打响时，朱棣就预测到朝廷方面必有救援，不过朝廷的援军不会想到雄县会这么快被攻陷。所以攻克雄县后，朱棣立即命千余名将士埋伏在通往雄县的必经之路上，等候出击号令。

朱棣的这套军事部署叫作“围点打援”，是战争中常见的策略。潘、杨二人得知雄县告急，带着人马火速赶往雄县。他们的军马刚刚过了河桥，号炮就响起了，埋伏在河边的将士们冲出来，占据了桥头，截断了朝廷军队的后路。城里的燕军也冲了出来，两面包抄。朝廷军队大乱，不少人被挤到河里，其余的人无心再战，纷纷投降。潘忠、杨松二人也被当场擒获。朱棣乘机一鼓作气，拿下潘、杨二人的大营。一天之内，朝廷北伐燕军的三万先锋，全部被燕军消灭。

耿炳文见燕军士气正盛，决定不去硬拼。他采取“拥兵固守”的策略，消磨燕军锐气，以待时机。

朱棣与朝廷北伐军作战，初战告捷，十分兴奋，于是召集诸将商议下一步行动。此时燕军士气虽盛，但大家都知道耿炳文还拥有十万大军，若正面作战，难度还是不小的。于是大多数将领主张据城固守，与真定的朝廷军队形成对垒之势，等待最佳的作战时机。朱棣清楚这样做不妥，因为与朝廷军队形成对峙，就中了耿炳文的圈套，对燕军不利。可是大多数将领都支持这种主张，朱棣也不知该如何劝说大家。正为难时，大将张玉站了出来，他力排众议，主张立即乘胜发起进攻。他说：“敌军虽众，却是新集，又立足未稳。我以得胜之师，一鼓作气，定能克敌制胜！”朱棣听了，当然高兴，他说：“张玉所言，正合我意。我只靠他一个人，就能成就大事。”于是朱棣顺势跟大家商量，提出了“先声后实”的作战方案。

什么叫“先声后实”呢？说白了，就是先制造声势，再采取行动。

真定是一座古城，地处滹沱河北岸，是南北的要冲之地，西边还可以通往山西。朝廷军队驻守在这里，就掐断了燕军南下的道路。燕军从起兵以来，一向以少胜多，集中优势兵力打歼灭战。老将耿炳文为了确保这座重镇万无一失，把部队分为两部分，分驻河两岸。如果北岸受到攻击，南岸就过河支援；如果南岸受到攻击，北岸的军队就过河支援。南北两岸军队相互声援呼应，要想集中兵力攻击其中一点，可就不那么容易了。

那朱棣是怎么应对耿炳文的这种部署的呢？他找来在雄县俘获的小将张保，让他装成被俘后趁看守松懈，偷了马匹逃回去的样子，向耿炳文报告燕军将抵真定的实际情况。许多将领对此表示不理解。朱棣解释说：“张保如果真心归附我，那他回去后就成为我的内应了。如果他不想归附我，他回去后也会如实告诉耿炳文我们要攻打真定的实情。这正是我想要的结果。为什么呢？因为耿炳文的军队分驻河两岸，就像牛犄角一样，互相呼应，我们怎么能集中兵力作战呢？我让他知道我要来打他，他知道燕军势盛，必然会把两岸军队合并防御，这样我们才能避免两面作战。”这就是朱棣说的“先声后实”的战术。

不过这种“先声后实”的战术，并不是简单的硬打硬拼，而是找寻时机，突然袭击。

朱棣率军来到真定附近，在距城二十多里的地方，见到了几名当地的樵夫，便向他们打听真定的情况。这几名樵夫对于朝廷方面的军事部署还挺清楚的，他们告诉朱棣，南岸的驻军正在北渡，北岸的军队主要在城西北，连营一直到西山。耿炳文一心防着朱棣从北面来攻，在东南方面的守卫相对松懈许多，于是朱棣率领三名护卫悄悄来到真定城的东门外。这时正好遇见城里有运粮车经过，朱棣突入车队，俘获了两名运粮的军卒。如此一来，对耿炳文的军情就更了然于心了。朱棣随即率领军队，绕城东南而过，从背后向耿炳文驻在城西门外的大营发起进攻。

朱棣率军攻打真定西门的时候，正巧碰到耿炳文送朝廷来视察的官员出城。燕军好像是从天而降，耿炳文毫无准备，一群人慌忙跑回城里，总算关上城门。可是这时再想拉起护城河上的吊桥已经来不及了，那吊桥的绳索已经被燕军砍断，拉不起来了。

耿炳文急忙调度军队，出城列阵迎战燕军。尽管如此，他也无力阻挡了。此时燕军已经控制了城外大局。在张玉、朱能等勇将率领下，燕军冲破朝廷军队的列阵，史书中记述说“透阵而过”，如入无人之境。混战之中，左副将军驸马都尉李坚被燕军的骑士薛六刺伤俘获，后来因伤势过重，死于送往北平途中。左军都督顾成等人也成了燕军的俘虏。朱棣早就听说过顾成，如果能够劝降他，对于瓦解朝廷方面的将领，扩大在军界的影响大有好处。于是朱棣对顾成说：“你是先皇的旧部，如今为什么和我作对呢？”顾成回答道：“我是奉命而为呀。反正都是你们朱家的事，报效殿下与报效朝廷对我来说都是一样的。”后来顾成投降了，这是后话。总之真定初战，燕军又获大胜。耿炳文见大势不好，只好退回城中，固守不出。

3. 临阵换帅

朱棣乘胜追击，继续调集军队，大举攻城。一连三天，硬是攻不下来。这一回轮到朱棣发愁了。

为什么朱棣起兵之后，每战必胜呢？

首先，他每战必先摸清敌情，然后制定有针对性的作战方案。这也是他受朱元璋之命北征积累的作战经验。其次，他采取兵贵神速的作战方针。燕军是一支善于征战的队伍，作战机动性极强，往往能够出奇制胜。

可是这一回情况有所不同。耿炳文是一员老将，有丰富的作战经验，长于攻守，知道扬长避短。燕军虽然英勇，但是擅长野战，不擅长攻城。耿炳文固守真定，既可消减燕军士气，又可扼住燕军南下道路。燕军久攻不下，必然疲惫，一旦有机可乘，耿炳文再出城而击，以多胜少，应该不成问题。

这些情况朱棣早已看出来了，于是他对将士们说："我们今天的胜利，都是大家努力的结果。但是那些朝廷的奸臣还没除掉，我们还不能休息。我们先劳后逸，等到肃清朝廷奸臣，再图休息好不好？"话虽如此，但真定久攻不下，燕军将士们也不知所措了；而且不知耿炳文下一步会采取什么作战计划，不如见好就收，先回师休整，再图后进。于是，燕军解围而去，班师返回北平了。

耿炳文虽然折损了先锋三万人马，重要将领也被俘，但是军队主力仍保存着。他还有近十万人马驻守在真定，成为防止燕军南下的一道关卡。

但是朝廷方面不能接受耿炳文的失利，因为这与他们的期望相去甚远。他们本来以为，有耿炳文这样身经百战的老将，又有号称三十万、其实只有十三万的军马，应该一战而胜，然后直捣北平，将朱棣擒到京师定罪。事实却是朱棣的袭击连连得逞，折损了数万军马。如此被动局面，当然得有人来承担责任。齐泰和黄子澄两人自然脱不了干系，于是他们说："对不起，皇上，这次出征失败，我们有责任，是我们用人不当。所以我们要撤换耿炳文，再选有能力的人去讨伐燕庶人朱棣。"

对于这次北伐的失败，耿炳文应该负一定的责任。他失败的原因，主要是对燕军力量估计不足，既没有想到燕军有力量与朝廷方面正面作战，更没有想到燕军行动如此迅雷不及掩耳。但他毕竟是身经百战的老将，立即调整了战略部署，以守为攻，这才使得燕军知难而退，返回了北平。

如果这场战争就这么打下去，究竟会是什么结果，还真不好说。耿炳文以为还像过去跟着朱元璋打仗，将在外君命有所不受，重要的是结果，不是过程，只要能把仗打好，过程曲折一些没关系。可问题是现在的皇帝是朱允炆，他的这种战略布局朝廷能够理解吗？

这场战争之后大约三百年，一名当时从征的朝廷士兵的后人谈起这场战役（王源《居业堂文集》卷一一）：

让皇，仁柔之主，辅以齐、黄庸暗之才。炳文即知以守为攻，吾恐燕间朝入，炳文夕以槛车就道矣。欲其成功，岂可得乎？

朱允炆和齐泰、黄子澄不懂用兵之道，就算懂得耿炳文以守为攻的策略，只要朱棣派奸细到朝廷去说耿炳文的坏话，他的官职也会不保。所以在这场战役中，朝廷怎么可能取胜呢？

第十二章 膏粱竖子

1. 骄横寡谋

朝廷本以为此次北征，必定能击溃燕军，将朱棣捉拿归案，谁知得到的战报却是出师不利。于是朱允炆跟齐泰、黄子澄商量一番，决定更换主帅，重新征调兵马，再次征讨朱棣。

黄子澄又出主意了："曹国公可以当之，前不遣长兴侯而用曹国公，必无此失!"（《奉天靖难记》）

曹国公名叫李景隆，小名叫李九江，是朱元璋的外甥孙子。他的父亲李文忠是朱元璋的亲外甥，被封为曹国公，死后被追封为岐阳王。李景隆生得高大俊秀，举止雍容大度，是个典型的贵族公子哥。他从小受到很好的教育，所以史书中说他“读书通典故”。朱元璋在位时，他便袭封为曹国公，掌管左军都督府的军事，而且受命在湖广、陕西、河南各地练兵。朱允炆即位后派他去抓周王，事情干得也很漂亮，所以黄子澄一下就想到了他。

朱棣从真定退回北平的第二天，也就是旧历八月三十日，建文帝朱允炆就为李景隆举行了隆重的出征仪式。仪仗整齐，衣甲鲜明，时辰一到，金鼓齐鸣，乐声大作。建文帝朱允炆和齐泰、黄子澄等满心期待此次能像上次捉拿周王一样，马到成功。

李景隆出师北上，不久就来到山东德州。他在德州对耿炳文的军队进行了整顿，又火速征调各地兵马，合军五十万，然后进抵河间。当初耿炳文调集军队北征时，计划调集三十万，结果只来了十三万。这回李景隆竟调集了五十万大军，一改耿炳文以守为攻的战略，摆出全面进攻的架势，准备直捣北平。

消息很快传到北平。面对强敌，朱棣首先要解决的关键问题有两个：一是要稳住军心，一是增加自己的兵力。他对部下将士们说："李景隆来了，那太好了，他就是一个'寡谋骄横、不知用兵'的'膏粱竖子'。如今授之五十万众，无异于自坑。"朱棣用了战国时候的一个典故。当时赵国有一个年轻的统帅名叫赵括，平日说起兵法来头头是道，其实只会纸上谈兵，没有真正的作战经验，结果被秦国打败，他手下的四十万赵国士卒都被秦军坑杀了。朱棣接着又说："李九江之才，还远不及赵括。此次前来，必败无疑。"

朱棣分析得很透彻，这场战前的总结动员也很到位，手下将士顿时信心大增。

2. 大宁求兵

朱棣已经在战略上藐视了李景隆，下一步就是要在战术上采取应对办法了——补充兵力。眼看五十万大军就要兵临北平城下，靠临时征兵补充，显然不是好办法。不过此时的朱棣早就成竹在胸，他有一个补充兵员的绝佳计划——到离北平不远的大宁去找宁王要军队。

宁王朱权对朱棣这一想法持什么态度呢？他愿意把军队交给朱棣吗？自从朱棣在北平起兵，朝廷就命令宁王朱权和辽王朱植离开封地，返回南京。辽王接到旨令后，便从命回去了。

宁王没有回去，因此被削夺了三护卫。当初朝廷虽然也调动了大宁的军队入关，但这支军队中了朱棣的反间计后，就驻军在松亭关不动了，显然对朝廷的命令并不积极执行。这个宁王朱权应该属于犹豫不定的中间派，朱棣正是看出了这一点，才决心一试。

李景隆在河间调动军马之时，原来驻扎在辽东的一支朝廷军马就已经奉命对朱棣下手了。这支军马由江阴侯吴高率领，进入山海关，包围了燕军控制的永平。

朱棣接到永平守将的报告后，立即召集部将，支援永平。部将们对朱棣的部署有些不理解，永平虽然处于辽东至北平的要冲之地，可那里兵多粮足，朝廷从辽东来的那些军马，还不足以对永平构成真正的威胁。而李景隆的大军当前，实在没有必要去救一座并不处于险境的城池，集中力量对付李景隆的大军，才是当务之急呀。朱棣解释说："我们率师出援永平，一是让李景隆知道北平守军人少，诱惑他快些进攻。虽然北平留下的人马不够跟李景隆对阵，但守城还是足够的。二是我们去永平，辽东军马一定闻风而逃，解围而去。这样一来，我们就没有后顾之忧了，再回师击败李景隆，不是一举两得吗？"

众将们越听越糊涂。把大部队带走，留下的人马万一对付不了李景隆，致使北平城被攻破，那麻烦不就大了？再说先奔波到永平，再跑回来对付李景隆的几十万大军，可谓人马劳顿，而对方却能以逸待劳了。朱棣一向英明，这回怎么有点糊涂呢？可是朱棣决心已下，大家也只好听命。他把王妃徐氏、大儿子朱高炽和军师道衍和尚等人留在北平，并留下一万余人马，自己则率领燕军主力直奔永平。

几天后，朱棣率军抵达永平。辽东的朝廷军马果然不敢与朱棣交战，解围而去，退出山海关。这多少是个麻烦。燕军来了，辽东军就退走；燕军走了，辽东军再入关，与北伐军形成呼应，让燕军腹背受敌。

朱棣很明白这都是辽东军的主将江阴侯吴高的主意。他心想：你不是跟我斗智吗？好，我也给你来点手段。

什么手段呢？

3. 故技重施

朱棣用的还是老办法——“反间计”。他写了一封信给吴高，内容无非是些相互理解、相互支持的话，然后又故意派人把这封信错投到另一位主将杨文手中。杨文看到信后，大吃一惊，连忙上报朝廷。朝廷本来就对吴高不放心。吴高有个堂妹，嫁给了湘王朱柏。朱允炆削藩时，湘王朱柏和吴王妃在王宫中自焚而死。所以朱允炆认为吴高一定会记恨朝廷削藩，跟朱棣合谋也在意料之中。于是朱允炆下令削去了吴高的侯爵，把他发配到广西去了。辽东的军队失去主心骨，只能守在山海关外，不敢再攻打永平了。

反间计成功了，永平的围也解了，这回该赶快回北平对付李景隆了吧。可是就在这当头，朱棣突然通知将士们火速前进，绕过松亭关，直奔大宁。直到此时，将士们才恍然大悟，明白了此次出行的真实目的。

朱棣率领军马行军，没用几天就赶到了大宁。朱棣把军队安顿好后，便只身去见宁王朱权。朱棣对此次出行的目的毫不隐瞒，史书中用四个字总结——“穷蹙求援”。

其实此时朱权的处境与朱棣差不多，只是还没有被撤去王号，那也是因为朝廷只顾得上对付朱棣，没工夫整治他。于是，朱权决定与朱棣联合。

与此同时，李景隆率领的朝廷大军已经攻到北平城下。他知道朱棣率军去了永平，但不知道朱棣还去了大宁。李景隆把军队分成三支：一支日夜攻打北平城，一支攻打东边的通州，还有一支驻扎在北平东边的郑村坝，等着朱棣回来。

北平是元朝的大都，城墙高大，护城河又宽又深，易守难攻。于是李景隆下令主要攻击北平的九个城门，正南方的丽正门是攻击的重点。守城将士一面拼死抵抗，一面向王妃徐氏告急。别看徐王妃平时文静端庄，但毕竟是大将军徐达的女儿，所谓将门虎子，女儿也是巾帼不让须眉。她亲自率领城中妇女，登城助战，奋力厮杀。

北平西边的阜成门，也是朝廷军队攻击的重点。据说部分军队在都督瞿能父子的率领下一度攻入城门，但李景隆唯恐他们夺了头功，下令等待大军并进。结果燕军将士连夜在城墙上泼水，正值寒冬，滴水成冰，第二天再战，城墙已经无法攀登了。

就这样，一座仅有守军万人的孤城，抵抗了数十万大军的日夜进攻。

等到朝廷军队疲累，城里的守军便开始主动出击。李景隆怕夜里出事，只好命军队后退筑营，攻城的力度因此减弱了许多。双方形成对峙之势。

北平的战况，朱棣派人随时侦察报告。此时的他正带着军马火速进入松亭关，直奔北平。李景隆得到消息后，减少了攻城的军队，在郑村坝一带做好迎战的准备，一场生死之战即将打响。

朱棣传

第十三章 胜败之间

1. 决战东坝

李景隆在北平东边不远的郑村坝严阵以待，可是左等右等，都见不到朱棣的踪影。朱棣到底去了哪里呢？其实朱棣哪儿也没去，就在回师北平的路上。这是朱棣的战术，他先来个虚张声势，然后再找机会实实在在地打上一仗。李景隆一下就上了朱棣的当，他整天在郑村坝守着，提心吊胆，风声鹤唳，草木皆兵。而朱棣则慢慢进军，休整队伍，他们才是真正在以逸待劳。

一直等到旧历十一月初五这天，朱棣的军队才出现在郑村坝附近，准备发起进攻。朱棣在大宁获得的朵颜三卫骑兵成为燕军冲锋陷阵的主力，在战场上大显神威。这些蒙古族的健儿，个个身手矫健，冲击敌人列阵，如入无人之境。朱棣更是身先士卒，他骑在一匹名叫龙驹的战马上，冲在骑兵前面。这场战斗从中午一直打到傍晚，到天色昏黑，敌我难辨，他们才各自鸣金收兵。

激战之后的冬夜，更是寒不可耐。朱棣回到大营，他身边的将领收集了几个破马鞍点燃，让朱棣坐下来取暖。疲惫的燕军士卒看到火堆，也纷纷靠了过来。朱棣身边的护卫要保护朱棣，立刻上前将他们喝止住。此时朱棣起身说："让大家过来吧，他们才是真正的勇士！这么冷的天气，我们身着皮裘还受不了呢，何况这些身着铁甲的将士！"

朱棣可是亲王，怎么能和普通士兵一起烤火呢？可见燕王朱棣不同于那些成天摆王爷架子的贵族，他不但作战时冲杀在最前面，休息时也与士兵同甘共苦。这场战役中，朱棣手下的一个年轻人作战英勇，紧紧追随在朱棣身旁，立下了不小的战功，这个人就是燕王府的太监，名叫马三保。据说就是因为他在郑村坝作战有功，才被朱棣赐姓为郑，取名叫“和”。

此时李景隆也收兵回营了。他长这么大，没真正打过几场仗，而且他打的那两场仗，都是他打别人，还没有被人这么打过。想到这里，他不觉毛骨悚然，连夜下令拔营南逃，把攻城的那些将士们丢下不管了。朱棣得知李景隆撤军的消息，不知虚实，加上又是寒冬之夜，也不敢轻率行动。

第二天天亮一看，李景隆果然带着大部队逃走了，到处都是丢弃的兵器、辎重、马匹。就这样，朱棣率领大宁部队回到北平城下。

虽然李景隆已经跑了，可是围攻北平的朝廷军队仍在攻打各个城门。他们见燕军杀过来，以为燕军冲破了李景隆的防线，也顾不上攻城了，回过头来跟燕军厮杀。他们拼死应战，又坚持了两天，最终败退而去。

转眼到了旧历十一月中旬，北方已是隆冬季节。在当时的条件下，进行大规模的作战比较困难，所以朱棣和朝廷都不想再打了。

2. 白沟大捷

转眼间，三个月过去了。这一回，李景隆又增加了十万兵力，与朱棣率领的燕军主力会战于白沟河。据史书记载，这是一场数十万人马面对面的激战，马蹄声、将士的脚步声和战鼓声，让大地都震颤起来。这场战斗一直持续到深夜，朱棣身边只剩下三个骑兵，他们迷了路。朱棣不敢乱闯，他凭着河水流动的方向，摸索着回大营的路。

第二天天一亮，激战又开始了。这一天的战况比第一天还要激烈，朱棣几次陷于困境。

有一次，他被朝廷军队包围了，千钧一发之际，朱棣的二儿子朱高煦赶来救援，这才解了围。战斗从早晨持续到下午。朝廷方面毕竟人多，再度向燕军发起猛攻，并渐渐占了上风。就在这万分危急的时刻，突然刮起了一阵狂风，将李景隆军中的将旗给刮断了，朝廷方面的攻势立刻弱了下来。

朱棣一看这是个好时机，就派骑兵绕到李景隆大营背后，放起火来。火乘风势，把李景隆的大营给烧着了。燕军趁机冲了过来，李景隆大败，退回德州。

这一仗打得十分惨烈，朱棣也损失不小，可他还是决定咬紧牙关，乘胜追击。等他来到德州时，李景隆已逃到济南去了。

德州是李景隆北伐的大本营，这里的军用物资堆积如山，朱棣收获颇丰。他索性在德州休整，再由此向南，不久便攻打到济南城下。

朱棣攻到济南城下的时候，李景隆还有数十万大军，完全可以据城迎战。可是这时的他已经被朱棣打怕了，惊魂未定，根本没有斗志，再次大败而逃。

3. 兵败济南

李景隆率军逃走后，朱棣顺势将济南城包围了起来，准备由此打通南取京师的道路。他写了一封《告济南军民百姓书》，用箭射到济南城里去，叫他们放下武器，主动投降。可是左等右等，并没有人开城门投降，倒是从城里也射出一封书信来。打开一看，是一封《周公辅成王论》。信中说当时周公一心一意辅佐周王，而朱棣虽口口声声称要辅佐建文帝，其实是想要夺位。

这封信出自名士高贤宁之手。这位名士的老师，是济宁县的教谕，是一位老学究。他见济宁被燕军攻陷，就跑到县学的明伦堂，把弟子们召集起来问："你们知道这个堂叫什么名字吗？"大家回答道："知道呀，叫明伦堂。"他又接着问："可是如今君臣之义都不存在了，这'明伦'二字还有什么意义呢？"说完就一头撞到大堂的柱子上自杀了。高贤宁自然传承老师衣钵，他不仅不投降朱棣，还写文章批判朱棣。

当然，仅有这样的有气节的名士还不行，还得济南的地方官员有骨气。此时朝廷派驻济南城里的官员，一位是山东参政，名叫铁铉。铁铉在朱元璋时代就得到器重，朱元璋还亲自赐给他一个字——鼎石，说他坚强、正直，是国家的鼎立之才。另一位是李景隆的参军，名叫高巍，胆大豪勇，一身正气。还有一位是都督盛庸。盛庸最初是跟随耿炳文出征的，后来朝廷改命李景隆为北征主帅，他就成为李景隆的部下。李景隆南逃，盛庸没有跟随，他率领所部留了下来，跟铁铉、高巍等人一起誓死守卫济南。

济南是山东的省会，城高池深，十分坚固，再加上城里有铁铉、盛庸等人死守，燕军一时很难攻克。

据说朱棣扬言要截断城外黄河，来个水淹济南。城里军民一听外面要引水淹城，慌乱起来。有人跑出城来投降，他们对朱棣说："都是奸臣不好，才让殿下您这么辛苦。咱们都是太祖高皇帝的臣民，您别打了，也别水淹济南了，我们投降。不过我们这些东海之民，没怎么经历过战争，对殿下的军事行动不大理解，有些害怕。殿下您能不能让军队后退十里，您一个人来就行了，我们拿出好酒，开城欢迎。”

朱棣于是让军队后退了十来里，自己带着几十名护卫来到济南城下。此时城上的吊桥放了下来，城门也打开了，城墙上一片“千岁”的呼声。朱棣骑马到了城门下，一块巨大的铁板突然向他砸来。朱棣一见不好，连忙拍马后退，结果那铁板砸到了马头，马一惊，差点儿把朱棣掀下来。

这时城门又关上了，吊桥也合拢了起来。朱棣这才明白自己中计了，连忙狼狈逃走。

朱棣打仗时计谋不断，没想到这次不但计谋没使成，反倒被别人算计了。他一怒之下，下令向济南发起猛攻。朱棣让人调来大炮，准备炮轰城墙。谁知才放了几炮，就停止了。原来城墙上放着明太祖朱元璋的牌位。炮轰太祖高皇帝的牌位可是犯上作乱啊！

朱棣身边的道衍和尚看出形势急迫，于是劝朱棣说：“师老矣。请暂还北平，以图后举。”朱棣只好下令撤军。

不管怎么说，朝廷总算打赢了一场仗。朱允炆很高兴，封盛庸为历城侯，取代李景隆为大将军，总管讨伐北平之事；升铁铉为兵部尚书。不过铁铉并没有取代齐泰，而是以兵部尚书的名义协助盛庸，叫作赞理大将军军事。

朱棣自从起兵以来，每战必胜，所以士气高涨。这一回居然连一个济南城都攻不下来，而且败退而归，看来想要取得天下，是路漫漫其修远兮。

4. 血染东昌

兵败济南两个月后，朱棣再次率军出征，这一回要去打辽东。大家对此都不理解，眼看朝廷就要集结兵力攻打北平了，为什么还去攻打辽东呢？就连张玉、朱能也不理解了，跑来劝朱棣。朱棣让左右的人退下之后，对他们两人说："如今德州、定州都在朝廷重兵防守之下，只有沧州尚无准备。我假称去辽东，其实是想偷袭沧州。"就这样，朱棣率军出发了，军队走到今天的天津附近时，朱棣突然挥师南下，渡过直沽，直奔沧州。

沧州的守将果然毫无准备，燕军突然偷袭，沧州守军大败。朱棣继续率军南下，来到东昌。当时铁铉和盛庸也在东昌集结军队，准备跟朱棣决战。

十二月二十五日这一天，朱棣的军队向朝廷军队发起了攻击。朱棣军队的主力是骑兵，朝廷的主力是步兵，所以朝廷那边列阵，朱棣这边冲阵。在这场战斗中，张玉为救朱棣力竭而亡。张玉是朱棣起兵时最亲近的大将，他有勇有谋，勇敢善战。他这一死，燕军的士气大落，全都无心恋战，大败而逃。

就这样，从济南到东昌，朱棣连败两仗。朝廷得到的战报中说，燕军精锐丧失殆尽，歼灭燕师指日可待。

朱棣败退北平后才一个月，道衍和尚就劝他再次率师出征。在这次出师之前，朱棣搞了一次大规模的军事动员，为牺牲的将士们举行隆重的祭祀活动。他亲自宣读祭文，并且失声痛哭。讲到伤心之处，朱棣索性脱下战袍，将其投入火中，悲壮地说："我真想跟你们这些牺牲的将士同生共死啊！"如此一来，燕军将士人人义愤，个个感动，朱棣就率领着这样一支气势如虹的军队再次踏上了征途。自古哀兵必胜，这一仗是朱棣打赢了，不过战况相当激烈。

5. 骄兵必败

朱棣出师之初，战袍上凝结了薄霜，看上去像是在战袍上绣了龙纹，后来他又在河边捕到一只老虎。他认为这是吉兆。

可是在这一仗中，他又失去了一员主将，而他自己也打得不分南北，夜宿荒野。

所谓的吉兆也不是那么灵验的。在这场战役中，真正帮了朱棣的其实是盛庸的骄傲。这次出征，盛庸带了不少金银酒器，还有锦绣衣袍，说是准备打下北平后庆祝用。朝廷跟朱棣作战，败多胜少，而盛庸跟朱棣作战，真正取胜的只有东昌一战。所谓骄兵必败，即是这个道理。

起初双方在夹河展开激烈战斗，后又激战于真定、藁城。明朝野史中有一种说法，说建文帝朱允炆为人仁厚，在与朱棣作战时，让前线将士“勿伤叔父”，所以朱棣每战，常常身先士卒而无所顾忌。这其实只是一个传说。这场战役后，朱棣让人把战旗送到北平，那面战旗是朱棣指挥用的军旗，已经被箭射得不成样子了。看来不是“勿伤叔父”，而是专门朝着“叔父”射。

朝廷方面失败后，朱允炆反应非常迅速——他又下了一道命令，罢免齐泰、黄子澄以缓燕师。朱允炆是想用这个办法争取时间，以便调集军队，跟朱棣再战。齐泰、黄子澄这两人是指望不上了，方孝孺就给朱允炆出主意说：“我们这样跟朱棣打，不好打，不如调动辽东的军队，从后面夹攻，朱棣准得退回去保他的北平，我们就能趁势取得主动权了。”这个主意的确不错，关键在于辽东军马能不能起到这个作用。

说起来实在好笑，那支辽东军马根本无法与燕军作战。为什么呢？因为他们没有能上战场打仗的战马。战马都是从朝鲜征派来的，本来都是良马，但朝廷的贪官在运送途中把这些好马给贪污了，换成一些不能骑的劣马，结果骑兵还没有步兵跑得快。

这个办法行不通，方孝孺又想了一个办法。他写了一封信给朱棣的大儿子朱高炽，信的内容无非就是告诉朱高炽只要忠于朝廷，朝廷可以把燕王的位子给他。这封书信一送到朱高炽手中，就有人知道了，并火速把这消息报告给了朱棣。

朱棣传

第十四章
兵临城下

1. 疾趋京师

朱棣得知朝廷给他在北平守城的大儿子朱高炽送去一封密信，心里产生怀疑。他本来就不大喜欢这个大儿子，因为他长得很胖，缺少英武之气，所以朱棣更偏向能征善战的二儿子。想到大儿子居然背着他与朝廷密谋，朱棣不由大怒，恨不得立刻将其杀掉。

正在这时，朱高炽派身边的一名亲信从北平赶到朱棣军中。他不仅给朱棣带来了一封书信，还带来了一个人——朝廷派去给朱高炽送信的人，而这封书信，就是朝廷写给朱高炽的书信，还没有启封呢。

朱棣见此情景，一下愣住了。片刻之后，他不由惊叹道："嗟乎！几杀吾子。"要不是朱高炽处理得当，说不定朝廷的反间计就得逞了。朱高炽看起来体胖仁柔，但头脑并不简单，他知道怎么去处理各种复杂的关系。冲锋陷阵方面他确实不如二弟，但是在复杂政治关系的处理上，他比那个悍勇的兄弟不知要强多少倍。

时间已经到了建文三年（公元1401年），这场仗打了三年了。虽然朱棣占了上风，胜多败少，可是正如黄子澄说的那样，朱棣的军队，即他和宁王朱权控制的兵力合起来不过三四十万人，而朝廷拥有全天下的军马，就算朱棣再有本事，消灭了一批，还可以再来一批，不知道要打到什么时候。

军师道衍和尚看出了其中的问题，他说："这样下去不行，这个仗打不完了，我们不能跟朝廷军死缠烂打。"他又对朱棣说，"毋下城邑，疾趋京师。京师单弱，势必举。"（《明史》卷一四五《姚广孝传》）意思是说，现在朝廷把兵力都放到前线来对付我们了，京城的防守反倒很薄弱。我们干脆别再攻打城市了，直接攻打京师吧。

朱棣一听，恍然大悟，于是集中兵力，在北平再次誓师。他在誓师时说："要当临江一决，不复返顾矣!"（《明史》卷五《成祖本纪》）这一回他要义无反顾地踏上征程，直取京师南京。

誓师之后，朱棣上马欲行，军师道衍和尚牵住朱棣的马，对他说："殿下此次出师，必定能够攻取京师。我有一事相求，不知您能否答应?"朱棣说："什么事? 你说吧。"道衍和尚说："南京朝廷中有一个文臣，名叫方孝孺，殿下您攻下京师的时候，他必定不会投降。您能不能答应我不杀他? 因为若杀掉方孝孺，天下读书种子绝矣!"

方孝孺既是一个严守儒家忠孝道义的忠臣，又是一个性格倔强的书呆子。此外，方孝孺还是明初理学的代表人物。这样的人才是不能杀的，把他杀了，天下读书人的楷模就没有了。朱棣于是很爽快地答应了道衍和尚的请求，然后率军南下了。

2. 灵璧再捷

南下之路并非一帆风顺。朝廷得知燕军南下，当然处处拦截。朱棣先后在肥河、小河、齐眉山受挫。但是朱棣坚持南下的方针，不管受到什么挫折，就是勇往直前。最终，双方在今天安徽的灵璧展开了一场生死决战。这也是靖难之役中朱棣跟朝廷方面的最后一场大战。

此时已是旧历四月底，天气开始变热。江淮一带，暑气熏蒸，北方将士有点水土不服。不少将士认为再这么打下去，会徒劳无功，不如先回北平，再图后举。

朱棣知道将士的想法后，很不高兴。可是军中回师的呼声很高，他只好说："我们这么办吧，谁同意回北平，就站到左边；谁同意继续进击，就站到右边。"结果只有朱能、郑亨几名将领站到了右边，其余大多数将领站到了左边，剩下一个名叫王忠的大将，站在中间，不知所措。

朱棣再也忍不住了，他说："谁愿意回去，就回去吧。"他这一发火，诸将都慌了，没人再敢主张回师。

朝廷那边的处境也很艰难，他们为了阻挡燕军，筑起了营垒。燕军习惯打野战，不习惯攻城。对此，燕军的对策是包围对方营垒，阻断对方的粮道，造成补给困难。这样朝廷军队便无法长期守垒对阵，尽早出来与燕军决战。

营垒中的朝廷军队没有粮食吃，于是传令说，以炮声为号，出营突围。命令下达后，将士们都做好了准备，等着第二天突围。

谁知事情就是这么巧。第二天一早，燕军便来攻打营垒了。营垒里的将士听到炮声，以为是上级下达了突围的命令，一窝蜂地冲了出来，与前来攻打营垒的燕军撞了个正着。燕军轻而易举地拿下了久攻不下的营垒。灵璧之役后，朝廷方面很难再打下去了。

朱棣让人到淮安，找到朝廷派驻在那里的驸马都尉梅殷。这位驸马爷就是传说中朱元璋托孤的那位。朱棣派人对梅殷说："能不能借个道，让我到凤阳去祭祀一下祖父？"凤阳有一座皇陵，里面葬的是朱元璋的父亲，也就是朱棣的祖父。梅驸马当然明白，朱棣是想从淮安通过，直捣南京。他不但不买朱棣的账，还把朱棣派来的人割去鼻子耳朵后放了回去。朱棣一看，大吃一惊。这人惨兮兮地说："是梅驸马让人干的，说是只让留下一张嘴，为殿下言君臣大义。"朱棣见此情形，只好避开凤阳和淮安，从泗州渡淮。他在洪泽湖畔的泗州拜谒了朱元璋祖父，他说："我横遭迫害，差一点就见不到曾祖父的陵寝了。幸亏祖宗保佑，才有了今天拜陵的机会，实在不容易呀。"说着说着，竟然潸然泪下，周围的人无不为之动容。

朱棣渡过淮河，来到扬州城下。扬州是南京的门户，按说朝廷应该严防死守，没想到扬州城的守将心思不一，有忠于朝廷的，也有想投靠朱棣的。朱棣只要从中做一点思想工作，就能让他们内斗，坐收渔翁之利。

朱棣下发了一个悬赏通告：谁要是能把朝廷派到扬州的御史除掉，就给他三品官来做。

朱棣为什么下发这样一道悬赏令呢？原来扬州卫的指挥早就想投靠朱棣了，可是还没来得及行动，就被朝廷派去的监察御史发现了，把他抓了起来。朱棣明白，非得除掉这个御史才能拿下扬州。这个悬赏令一出，果然有了效果——被抓起来的指挥使的弟弟召集同党，寻找机会，准备干掉那个御史。别看御史大人是文臣，手无缚鸡之力，可是他身边有大力士护卫，一时间还真没办法下手。朱棣得知这一情形后，派人去找那个指挥使的弟弟，教他去贿赂大力士的母亲，就说家里有事，把儿子叫回家去。等大力士离开，他们就趁机下手。接着他们又从大狱里救出了那位被抓的指挥使，开城向朱棣投降了。

3. 勤王无师

这下后果可是相当严重了。朱棣拿下扬州后，又接连攻占了江北的一些市镇，旌旗蔽空，声势逼人。朱允炆见大事不妙，赶紧下“罪己诏”，征兵勤王。可是张罗了一番，也不见有人来京师。一些官员见势不妙，纷纷提出愿意外出分守。此时，只有那个被称为“天下文章种子”的儒臣方孝孺仍紧跟在朱允炆身边。方孝孺献计说：“这次事情来得太突然了，勤王之师一时难至，我看不如派人去讲和，同意割地给他，等到勤王的军队来了，再跟他决战江上。他们都是北方人，不善于水战，到时候胜败还说不定呢。”

朱允炆这会儿也没主意了，一切就听方孝孺的安排，于是派庆成郡主到江北跟朱棣谈判。这位郡主是朱元璋的侄女、朱棣的堂姐妹。两人相见抱头痛哭。哭过后，郡主就委婉转述了朱允炆要割地求和的意思。朱棣说：“我这个亲王是父皇封的，都保不住。如今又说什么割地求和，谁能信呀？我这次来，就是按照祖训办事，除去奸臣之后，我只求恢复原来的封位。”

郡主接着说：“我这一回来，也是受众弟妹的嘱托。这几年打仗，不仅死了不少将士，老百姓也不好过。都是一家人的事，你还是别过江了，回去算了，不然等世道太平了，大家见面也不好说话。”

郡主的话还没说完，朱棣就面露怒色：“这些年来，我拼死才得以保全性命，弟妹们没看到吗？怎么大家都不为我说话呀？幸亏上有天地祖宗的保佑，下有我率领的将士们的拼命，才有我朱棣的今天。如今父仇未报，奸臣未除，你们让我回去，什么意思？你回去告诉朱允炆，如果他能理解我的忠孝之心，同意让我入朝，仿照周公辅佐周成王，我就收手，天下也就安生了。如果不同意，你告诉众兄弟姐妹，赶快搬到父皇的孝陵那边去，免得城破之日，受到惊扰。”

谈判失败，朱允炆更加不知所措。方孝孺安慰他说：“别着急。长江天堑，可挡百万雄师。我们不是已经把江北的船都烧了吗？他们想渡江也没那么容易。现在天气炎热，过不了多久，燕军将士就受不了了，就会自动退师。”

此时朝廷方面还有一支力量，就是扼守浦口的盛庸所率的舟师，于是双方在浦口进行了最后的较量。朱棣在浦口与盛庸作战不利之时，他的二儿子朱高煦正好率领军队赶来支援，最终击败盛庸。

旧历六月初三，朱棣率师渡过了长江。他先攻取了镇江，然后挥师南京。

第十五章

江湖帝影

1. 金川之变

明朝的南京城，因为是国都，特意修建了两层城墙，可谓易守难攻。南京外城西北的一个城门，叫金川门，是首先要守卫的地方，朱允炆便派了曹国公李景隆和谷王朱橞前去把守。李景隆出征丧师，临阵脱逃，不怪罪已经说不过去了，现在还把这么重要的守卫任务交给他，不知道朱允炆作何考虑！选择谷王，也让人不理解。朱允炆要削藩，他和这些藩王可是敌人呀！果不其然，他们俩临阵投敌，打开城门，迎接燕军入城了。

燕军进入金川门，南京城就不好防守了。魏国公徐辉祖率领京城军队抵挡了一阵，很快便败下阵来。徐辉祖的弟弟徐增寿一直在暗中帮着朱棣，这一回他又想做内应，但被朝中的官员发现，抓到殿前。朱允炆一改平日的仁柔，发起狠来，亲手将徐增寿杀死了。然后他跑回宫中，放了一把大火。

这把大火可不是普通的大火，它烧出了一个中国历史上数百年来无法解开的谜团。

朱棣进入南京后，大火已经熊熊烧起。他立即赶往皇宫，想知道建文帝的下落。据说这时有人找到了一具烧焦的尸体，面目已经无法辨认。朱棣上前大声慨叹道："小子无知，乃至此乎！"

2. 建文谜踪

有记载说，南京城破，建文帝亲手杀死徐增寿后，想去杀李景隆，但没有找到人，他便想自杀。这时他身边的近臣劝他逃亡。有个宦官说："太祖去世时，曾经留下一个匣子，是刘伯温制作的，说临大难时，可打开。”众人闻听，连忙叫他找了来。打开一看，里面有几张度牒，一张上面写着法名“应文”，这显然是给朱允炆的。“度牒”是出家和尚的身份证明。此外，匣子里还有袈裟、鞋帽、剃刀，匣子里还有一行小字(谷应泰《明史纪事本末》卷一七《建文逊国》)：

> 应文从鬼门出，余从水关御沟而行。薄暮，会于神乐观之西方。

鬼门并不是皇宫的门，而是皇宫的一个通道。于是，朱允炆带着身边的人来到鬼门，只见一叶小舟已经在那里等候了。原来神乐观道士昨夜得到太祖朱元璋托梦，特来相迎。从此建文帝朱允炆就在这些人的陪伴下，开始了流落江湖的生活，据说流亡的地点是云南。

有的野史还记述了建文帝在云南的行踪，比如永乐四年夏四月，建文帝至西平侯沐晟家，留旬日……五年冬十二月，建文帝祭死难诸人……八年春天……工部尚书严震使安南，密访帝，震忽与帝遇于云南道中，相对而泣。帝曰：“何以处我?”对曰：“上从便，臣自有处。”夜缢于骚亭中。

野史中还收录了几首据说是建文帝作的诗，其中最有名的一首这样写道：

牢落西南四十秋，萧萧白发已盈头。乾坤有恨家何在？江汉无情水自流。

长乐宫中云气散，朝元阁上雨声收。新蒲细柳年年绿，野老吞声哭未休。

诗写得很凄凉，但并不能证明是出自建文帝之手。

大约四十年后，到了明英宗正统五年（公元1440年），朝中发生了一件与建文帝有关的事。一个僧人自称是建文帝，来到广西思恩州，并被送到了北京。这个僧人说自己年已九十，快要死了，希望能葬在祖父朱元璋的陵墓旁。审讯他的御史当场揭穿了他的谎言。建文帝生于洪武十年（公元1377年），这时应该只有六十五岁。经查证，这个僧人名叫杨行祥，是个假冒的建文帝。

还有人不甘心，编造说，这个僧人虽然不是建文帝，但是和他一起来的僧人中有建文帝。朝廷让当年建文帝宫中的宦官来指认，“建文帝”立即认出这个宦官来，但宦官不承认。于是他就对宦官说：“当年我在宫中吃饭，你就在一旁。我把鹅肉丢到地上，你手拿酒壶，趴到地上把肉吃了，你怎么说不是呢？”宦官这才承认。于是建文帝被供养在宫中，人们都叫他老佛，死后葬在西山，不封不树，即不立墓丘和墓碑。

如今大多数的明史研究者都认为建文帝朱允炆并没有被烧死在南京的皇宫中，而朱棣本人也知道大火中的那具尸体不是建文帝朱允炆。可是对于一心想要夺位的朱棣来说，建文帝朱允炆死掉才是最理想的结果。因为皇帝死了，他就可以理所当然地得到皇位。如果皇帝没有死，他的皇位就坐不踏实，所以他就故意说了“小子无知，乃至于此”之类掩人耳目的话。

朱棣从即位之初，就开始找寻建文帝朱允炆的下落。永乐三年（公元1405年），他派郑和下西洋的一个目的，便是寻找建文帝朱允炆。所以《明史》中载：

> 成祖疑惠帝亡海外，欲踪迹之。

> 传言建文帝蹈海去，帝分遣内臣郑和数辈，浮海下西洋，至是疑始释。

至于这些传言是从哪里来的，史书中并没有说。

到了永乐十五年（公元1417年），又发生了谷王朱橞案件——朱橞就是跟李景隆一起开金川门迎朱棣进南京的那个人。这时他说："往年我开金川门出建文君，今在邸中。我将为申大义，事发有日矣！"（《明史》卷一一八《谷王朱橞传》）作为当时的当事人，朱橞当然知道许多内情，所以他才敢编造出建文帝在他家中的谎言。

谷王案发生的第二年，道衍和尚病危。这时他已经被朱棣赐名为姚广孝了，而且官至太子少师。临终之前，朱棣亲自去探望他，问他还有什么要嘱托的。姚广孝说希望释放一位被关押了十多年的僧人溥洽。传说就是他为建文帝朱允炆剃度为僧的，他自然知道建文帝朱允炆的下落。甚至还有人说，建文帝就是他给藏起来的。朱棣为此将溥洽关押了十多年，可是并没有从他嘴里套出建文帝朱允炆的下落。既然姚广孝为溥洽求情，朱棣也就将溥洽释放了。

再有一个人，即当时的户科给事中胡濙。史书载，从永乐五年（公元1407年）起，朱棣让他"遍行天下州郡乡邑，隐察建文帝安在"。可不能明说是去找建文帝，于是就编了个理由，说是去找寻张三丰。在释放溥洽的第二年，朱棣又派胡濙出巡各地，这一次他没有去西南地区，而是去了江浙和湖南、湖北。这一去就是四年，到了永乐二十一年（公元1423年）

胡濙才回到北京。他外出时，明朝的国都还在南京，等他回来时，国都已经迁到北京了。胡濙要找朱棣上奏这几年出去调查的情况，可朱棣这会儿率师北征去了。于是他赶紧追出去，一直追到宣府才追上朱棣。此时已是深夜，朱棣早已上床睡觉。一听说胡濙来了，觉也不睡了，连忙起来召见，两人整整聊了一宿，“漏下四鼓乃出”。

他们到底谈了些什么，史书中没有任何记载。但是有一件事情引起了史学家们的注意，朱棣接见胡之后，突然宣布，不再追究追随建文帝的那些官员，赦免了他们的罪，还给他们被没收的田产。

朱棣这样做是为什么呢？史学家们分析说，胡濙很可能调查到了建文帝的下落——要么就是建文帝已经死在民间，要么就是建文帝甘心让位，不会再对朱棣造成威胁。

到这个时候，朱棣找建文帝已经找了二十一年。他总算松了口气，八个月后，朱棣就死了。

朱棣传

第十六章 君临天下

1. 劝进登基

朱棣拿下南京后，便对外宣布建文皇帝已经死了。他起兵时打的旗号是按照祖训平定国难，那么接下来他就应该捉拿奸臣，然后返回北平。可是朱棣的真实目的是当皇帝，他就得上演劝进的把戏。

朱棣兵入南京的第二天，诸王就率群臣上表

劝进，朱棣不允。

次日诸将再上表劝进，再不允。

再次日，诸王再上表劝进。朱棣不悦，表示这个皇帝自己说什么也不当。同一天，群臣再上表劝进，史书载朱棣“固辞不允”。

最后朱棣表示，他本来不想做皇帝，可是现在皇帝没有了，国家不可一日无君，因此他才在群臣们的一致要求下，被迫无奈，当了这个皇帝。

据史书记载，朱棣兵临南京城下时，朝廷官员见势不妙，有的便选择出逃，“一夕朝臣缒城去者四十余人”。等到朱棣攻破南京时，逃走的官员就更多了，“在任遁逃者，四百六十三人”（《明史》卷一四三《程济传》）。当时迎附朱棣的官员，只有二十四个人。对于大多数不肯归附的官员，朱棣的应对方法就是将他们定为“奸臣”。

朱棣起兵夺位时，正式宣布过的“奸臣”只有两个人——齐泰、黄子澄，目的是为了说明他起兵有理。现在情况不一样了，他已经夺得了皇位。这一回他提出的“奸臣”名单，可就不只有齐泰、黄子澄两人了。他利用定“奸臣”的办法，打击所有忠于建文帝朱允炆而不肯跟他合作的文臣。

关于朱棣定的“奸臣”到底有多少，史书中的说法不一；

有的史书说大约有五十人，有的史书说，朱棣张榜公示的“奸臣”一共有四十四人；也有的野史说，根据当时榜示“奸臣”的名单，加上文献记述，多达一百二十四人。

2. 壬午之难

朱棣首先要处理的就是齐泰和黄子澄。朱棣进到南京城时，齐泰和黄子澄都不在京城。朱允炆为了应付朱棣，名义上把他们贬官到外地，其实是让他们招募军队勤王。黄子澄知道朱棣攻进南京后，便跑到浙江嘉兴。这时朱棣已经悬赏活捉“奸臣”的有功人员升官三级，黄子澄到嘉兴不久，就被人发现并送到了朱棣手里。朱棣亲自审问，黄子澄不屈而死，他的家人也受到牵连，族人不分老幼，全部被诛。

另一个重要人物齐泰，他平日骑的是一匹白马，人们都认识。他怕被人认出，就用墨把马涂黑，可马走得急了，一出汗，墨迹就脱落了，结果被人认了出来。齐泰和黄子澄一样，不屈而死，其族人全部被杀。

齐、黄二人是朱棣的死敌，是他绝不会放过的人，所以朱棣对他们采用的是灭九族的残酷刑法。九族，原本指上四代，下四代，加上本人，一共九代人。后来作为一种刑法，指一个人犯罪要牵连到父族四、母族三、妻族二，共九族。

可是，在建文帝朱允炆的遗臣中，最惨的不是他们两个。

朱棣登基之后，有一件事是必须要办的，那就是发布一个登基的诏书。朱棣想起当朝第一文臣方孝孺，于是把他召到殿上，让他草拟诏书。谁承想，方孝孺是个固执的书生，一点也不买朱棣的账。他来到大殿上，悲声恸哭，声彻殿宇。

朱棣虽然不高兴，但一时也没有发作，还亲自劝方孝孺说："先生不要自苦了，我这不过是想效法当年周公辅佐周成王而已。"

方孝孺开口了："成王安在？"

"彼自焚死。"

"何不立成王之子？"

"国赖长君。"

"何不立成王弟？"

"此朕家事。"

朱棣让人送上笔墨纸札，说道："诏天下，非先生不可。"

没想到，这个书呆子一点面子也不给，当即把笔投在地上，边哭边道："死即死耳，诏不可草！

朱棣大怒，于是方孝孺被杀。

据传说，当时朱棣曾经威胁方孝孺说：“难道你不怕灭门九族吗?”

方孝孺回答：“即便你株我十族，又奈我何!”

于是在九族之外，又将方孝孺的弟子友人列为一族，一共十族，一起杀掉了。

朱棣夺位后对付忠于建文帝朱允炆的那些文臣的手段确实太残酷了。朱棣也知道所为非善，所以对于当时的情况，正史有意掩盖。但野史笔记中还是保留下来了许多材料。

茅大方也是被杀文臣中的一个，妻子张氏年已五十六岁，仍被发送到教坊司。张氏同年病故，教坊司的人请示如何处理，朱棣下达的圣旨上说：“着锦衣卫吩咐上元县抬出门外，着狗吃了。钦此。”

有个名叫陈迪的官员，被抓后不肯屈服。临刑前，朱棣让人把他儿子的鼻舌割下炒熟，塞入他的嘴里。陈迪吐出后，大骂不止。他被杀后，妻子也自杀而死，只留下一个五个月大的婴儿，被乳母藏到沟里，才得以幸免。

还有一位叫高翔的御史，很受朱棣器重，朱棣想授他以官。可是高翔偏偏不买朱棣的账，着丧服入朝，直言朱棣篡位，结果被杀，还牵连家人。朱棣让人将高翔祖坟刨开，把高家的田产全部没收，而且加重这些田地的税收，目的是让种这些地的人世世代代骂高翔。

朱棣攻取南京后，铁铉还在山东，不肯降服。后来朱棣设计将铁铉抓获。审讯时，铁铉背对着朱棣痛骂，朱棣命人割去铁铉的耳鼻后，铁铉仍不肯回头，至死，骂不绝口。

这一年是建文四年（公元1402年），按照中国传统的干支纪年是壬午年，因此此事又被称为“壬午之难”。

3. 开科取士

朱棣夺取皇位后，靠着杀所谓的“奸臣”，将自己的夺位说成是正义之举。可是他还面临着一个问题：怎样才能坐稳夺来的皇位呢?

朱棣要想当好这个皇帝，最终还得依靠大多数士大夫的支持，所以他必须收买一批读书人。怎么收买呢？一是让现在已经当官的那些读书人支持他；另外就是开科取士，培养一批自己的人。

永乐元年（公元1403年），朱棣刚刚登基改元，就下令在全国范围内举行乡试。乡试就是省一级的考试，考中的人叫举人。到第二年春天，这些举人就可以赴京城赶考，即参加会试，若再考中就叫进士，可以名正言顺地做官了。永乐二年（公元1404年），朱棣在南京举行了一次大规模的会试，这一次的考题是“治国平天下”，此次会试一共取录了进士四百七十二人。会试后又举行了隆重的殿试，从中分出三甲，排出名次。一甲是进士及第，一共三名，头一名叫状元，第二名叫榜眼，第三名叫探花。二甲、三甲虽然有进士出身和同进士出身的区别，但是一般也称他们为进士。

这次会试还有一段小插曲。当时翰林院缺乏官员，朱棣就趁机从这些考中的进士里选了二十八人送到翰林院读书，进一步培养他们，这二十八人在当时被称为“二十八宿”。可是这些年轻人没有工作经验，读起书来也不大讲实用，朱棣对他们很不满意。一怒之下，就把他们全部发配充军了。后来又把他们召回，重回翰林院读书。这一回可就不一样了，这些人可谓脱胎换骨。他们经过劳动锻炼，有了一定的社会阅历，再读起书来，就知道应该怎么读了。结果还真的培养出不少有作为的官员。

此外，对于建文朝留下来的官员也不可能都不任用，所以朱棣在杀那些忠于建文帝朱允炆的官员的同时，也尽量收买一批官员，让他们为自己服务。

当年朱棣在北平当燕王时，陈瑛曾接受过他的贿赂。朱棣当然知道他不是什么好东西，可陈瑛是朱允炆削藩时站到朱棣一边的旧人，朱棣当了皇帝，理应用他。朱棣先让他当都察院左副都御史，后来又升他为左都御史，成了都察院的一把手。明朝的都察院是负责国家监察的最高机构，陈瑛当都察院的领导，朝廷官员们可就得小心了。因为陈瑛这家伙是个小人，人品极坏，朱棣用他，主要是想加强对朝廷官员的控制。

陈瑛心狠手辣，宁可错杀一万，也不愿放过一个，建文朝的文武官员几乎都没有逃过他的迫害。历城侯盛庸、驸马都尉胡观、当年跟朱棣作战的老将耿炳文等都是被他逼迫自杀的；李景隆也是被他关到狱中的。就连当初跟着朱棣打天下的人，他也不放过。张信是当年被朱允炆派去抓朱棣的，可是他跑去向朱棣告密，救了朱棣一命。后来朱棣叫他“恩张”，封他为隆平侯。陈瑛连他也敢整，但朱棣念张信的旧情没有处理。

像陈瑛这样的小人，虽然在特定时期可能很得势，但终归不能长久。朱棣是要治理国家的，他不可能永远用那些只会整人的小人。永乐九年（公元1411年）初，陈瑛被下狱判处死刑。

第十七章

励精图治

1. 整饬吏治

朱棣是个好大喜功的人，这让他有了一个个奋斗目标，最终开创了被后人称为“永乐盛世”的时代。

评价一个历史人物，尤其是一个皇帝，主要看他的功绩，他对于中国历史的发展有没有作用，对于国家的统一有没有作用。那么，朱棣是怎样的一个皇帝呢？

首先，他是一位勤政的皇帝。有一位华裔美国学者写了一本名为《永乐大帝》的书，在这本书的第一章，便写了永乐皇帝一天的生活。

朱棣有夜读的习惯，夜深人静之时，他会看州郡图籍、诸臣奏章和历朝治国的论述。此时安静，注意力集中，易静思熟记。可是事情多了，难免会忘记。有时睡到半夜突然想起一些重要事情，他会立即起来，叫侍从记下。朱棣每天四更起床。古人把一夜分为五更，两个小时为一更。“半夜三更”，即是夜里一两点的时候；四更大概是清晨四点钟。朱棣会利用早朝前的这段时间沉思，想想当天应该处理的事情。午朝前大臣们都去休息了，他也不休息，到偏殿去看书。晚饭之后仍然要看书、处理奏章，一直到深夜。

> 明朝的永乐皇帝，驾崩于1424年8月12日，自从1402年7月17日登极以来——近乎八千零六十二天的在位时间——而且所有的证据也显示，他从未浪费过一天。

朱棣不仅励精图治，还要求大臣们多劝谏，他说：“居其

位，无其言，君子耻之。”（娄性《皇明政要》卷八）

有些官员很懂做官之道。有奏疏来了，他们就找出一两个错字、一两个不合公文程式的地方，然后大做文章。这样一来，既表现了自己尽职，又不会有原则上的问题。不过这招在朱棣这里行不通。“为治贵得大体。”朱棣说，“比尔等疏驳奏牍，一字之误，皆喋喋以言，琐碎甚矣。吏治文书，丛脞积累，其精力有时而敝，岂免错谬？自今奏内有数目日月等字错谬者，皆令从旁改注，用印盖之，不必以闻。”（《皇明典故纪闻》）抓住一个错字大做文章，有什么用？如今天下何弊当革，何利当兴？何处官民未安？何人奸邪未去？关心点大事好不好？在朱棣的盛威下，谁也不敢再说这些没用的小事了。

朱允炆是个宽仁的皇帝，官员们有错也不处理，就连李景隆那样的临阵脱逃者，也不予追究，所以官员们都不怕他。朱棣不一样，他对政务的管理比朱元璋还要严格。

朱棣在宫廷里面长大，后来封藩在外，对官场的情况了如指掌。他知道一些当官的养尊处优惯了，懒得厉害，对下面的情况毫不知情，朱棣便让他们离京去了解民情。有些官员恶习难改，虽然到了地方，仍然是官老爷的作风，懒得去了解情况。等到回朝，就写些歌功颂德的东西讨皇帝欢心。这种做法糊弄不管事的皇帝还行，在朱棣这儿可就行不通了。

有一个官员被派去浙江，回朝后写了一篇《圣孝瑞应颂》交给朱棣，通篇都是歌功颂德的话，没有一句涉及民情。朱棣接过来一看就火了，他把这篇颂文扔出去，大骂了官员一顿。

朱棣能征善战，看起来是个大刀阔斧办事情的粗人，其实他的心思很细腻，官员们想骗他，可不那么容易。有一次，他偶然听到某个官员说江西的稻子已经收完了，他就追问起来。那个官员说，收的是早稻。朱棣想，还是不对呀，这么早就把早稻收完了，看来田地不多，可是朝廷派去的官员说那里新开垦了许多田地啊。朱棣于是又另外派人去调查，这一回才查清楚，原来上一次派去的官员为了做形象工程，虚报了垦田数字。朱棣马上处理了那个虚报数字的官员。

朱棣跟许多有作为的皇帝一样，有一个核心思想，就是以国为家。有一天，朱棣在皇宫中看奏疏，因为精力过于集中，碰到了案上的一个镇纸，那镇纸就快要掉下去了。旁边的侍从看到，就把镇纸向案子里面移了移。虽然这是一件细微的小事，却让朱棣有所顿悟。他叹了口气，对身边的官员说："你们看，这么一个器物，你把它放到安全的地方，它就安全；你把它放到危险的地方，它就危险。国家不就像这么一个器物吗？只不过国家是个大器物罢了。如果我们把国家置于危险之地，那就太可怕了！你看这个危险，是在你不经意中一点点形成的。小的危险不去注意，最终就会造成无可挽回的大危险。所以我们有了小的过错，应该立刻改正。”

2. 克己求俭

朱棣不但工作辛苦，生活上也极其俭朴。有一天上朝的时候，朱棣不小心把龙袍里面的衣袖露了出来，那里面的衣服实在破旧得跟外面的龙袍有点不搭。有的大臣看到这种情况，就趁机歌功颂德了一番。朱棣没有批评官员们奉承，他说：“我是皇帝，就算十天换一件新衣服，也不奇怪吧？但是我经常想起我的母亲马皇后缝补旧衣的情景，那时父皇见到了，便高兴地说，皇后处于这样尊贵的地位还能如此勤俭，会成为后世子孙的楷模。我不敢忘记父母的教育，所以不敢这样做。”

人怎么会没有享受之心呢？更何况要风得风要雨得雨的皇帝。只不过有的人认为享受最重要，有的人认为有比享受更重要的东西，所以会约束自己。朱棣确实是一个“日三省乎己”的人。他把自己个人的物质追求跟治理国家的大事联系到一起，所以他说：“为人君但于宫室车马服食玩好无所增加，则天下自然无事。”（娄性《皇明政要》卷二）意思是说，如果皇帝不去追求建造漂亮宏伟的住所，不去追求高级车轿，不讲究吃穿，不贪图玩乐，天下自然不会有什么事情。所以每当在生活方面对自己的要求有所放松的时候，一想到国家，他就会立刻警觉起来。

有一回，朱棣派宦官去山西采办天花。据说天花是佛祖带给人间的一种仙花，吃后可以延年益寿。可是把宦官派出去之后，朱棣就后悔了，他马上下令停办，并且不再派宦官去采办这些东西。

还有一回，一个外国使臣来朝见他，送给他一个很精致的玉碗。朱棣看到后，虽然非常喜欢，可还是拒绝了。礼部的官员们不理解，问他为什么连这么一件正常的贡品，都不能接受。朱棣告诉他们：“接受一个玉碗没什么，可是如果我接受了，有的阿谀之臣就会投其所好，争相进献。这些奢侈品于我毫无用处，可是会败坏风气，这是对国家有害无益的事情，我为什么还要接受呢？”

其实朱棣时代，经过朱元璋开国后三十多年的恢复生产和建设，国家经济已经发展起来了。朱棣当了皇帝以后，实行的又是严格的财政管理，所以那时的国家是很富裕的。《明史》

中有这样一段描述当时的经济情况的话：

> 计是时，宇内富庶，赋入盈羡。米粟自输京师数百万石外，府县仓廪蓄积甚丰，至红腐不可食。

所以，朱棣不是没钱，而是不肯花钱，这才叫真正的节俭。

3. 初设内阁

朱棣登基后，面临缺人手的难题，很多事情都要由他亲自处理。同时，他也备感为难——自明太祖朱元璋下令废除丞相后，皇帝面临着繁杂的政务。

丞相本来是百官之首，领导着百官为皇帝服务。丞相下面有六部，分管不同的事情。没有了丞相，皇帝就成了百官之首，直接处理日常事务。在这种情况之下，皇帝必须找到帮手。

朱元璋废掉丞相后，立刻就察觉到了这个问题。起初他设了春、夏、秋、冬四辅官，帮助他处理事务。一年以后，他又设殿阁大学士。可是朱元璋又怕分散了皇权，所以这些大学士并没有参与国家机要，只是备顾问而已。

朱允炆即位后，如果继续按照朱元璋的安排，一个人独揽大权，可能一天也干不下去，所以他找了兵部尚书齐泰和太常卿黄子澄参与机要。朱允炆这么做的好处就是从烦琐的政务中解放了出来。他跟朱棣打了三年仗，但他几乎没管什么战事，除去一些必须决策的事情外，尽可能地交给齐、黄等人去办，而他则跟方孝孺研究恢复古制。

现在朱棣当了皇帝，他肯定不能再按照朱元璋那时候的办法做了。史书中记述说，建文四年（公元1402年）七月，也就是朱棣刚刚夺位登基的时候，他就下了一个诏书，说翰林院缺官严重，要选一些“文学行谊才识之士”授官翰林院。然后他从被选中的人当中又选择了七人，入文渊阁，参与机要。这七个人因为在文渊阁办事，因此被称作进入内阁办事，由这七个人组成的这个班子，就被叫作内阁。

朱棣挑选这七个人入直内阁，跟朱元璋时代的殿阁大学士有什么不同呢？朱棣选的这七个人，可不是只有虚名，也不是一般的顾问，而是要参与机要的，并且跟朱允炆选齐泰、黄子澄参与机要不同。这七个人，不是像齐泰、黄子澄那样的尚书、太卿等高官，而只是翰林院的资质浅、品级低的相对年轻的官员。朱棣的这个办法确实好，资质浅、品级低的官员，不容易专权；但他们手握重权，就真的成了皇帝身边的近臣，是皇权的延伸。同时，级别低也不会发生皇权旁落的情况。

4. 内阁七子

当时被选中的这七个人，也就成了中国历史上的首批内阁成员。

第一位叫杨士奇，江西泰和人，他不是进士出身，建文初被推荐到朝中参与编修《明太祖实录》。朱棣进南京的时候，他就归附了，被选入翰林院为翰林编修。翰林编修是翰林院里的一般官员，只有七品。这一年他三十八岁。

第二位叫杨荣，福建建安人。他是建文二年（公元1400年）的进士，此时他当官也不过两年。朱棣入南京的时候，就是他跑去告诉朱棣要先去祭奠朱元璋，然后再登基当皇帝，因此得到了朱棣的信任。他原来的名字叫杨子荣，后来朱棣给他改名为杨荣，并且选他入内阁。他比杨士奇小六岁，这一年三十二岁。

第三位叫解缙，江西吉水人，当年三十四岁。据说他从很小的时候就会写诗，还跟当朝丞相斗过诗。他在洪武二十一年（公元1388年）考中进士，入翰林院，是明太祖最欣赏的才子。不过才子通常有弱点，他恃才自傲，口无遮拦，在朱元璋时代就曾经上过一份万言书，大胆地谈及当时的弊政，“无几时不变之法，无一时无罪之人”。不过，朱元璋不仅没有怪罪他，还说他是个少有的人才。可是他始终没有得到朱元璋的重用，后来朱元璋干脆让他回家读书了。他在家读书的时候，朱元璋死了，他就跑到京城来，结果遭人检举，贬到西北的卫所当了个吏员。后来他又回到朝中，任翰林院待诏，级别只有从九品。正在这时，朱棣打进南京了，他正觉得自己怀才不遇，所以毫不犹豫地投靠了朱棣。

跟解缙一起入阁的还有一个叫胡广的人，是解缙同乡，建文二年（公元1400年）的状元。朱棣进南京的时候，他和解缙一起归附了。

第五个人叫金幼孜，江西新淦人，也是建文二年（公元1400年）进士，这一年三十七岁。

第六个人叫黄淮，浙江永嘉人。朱棣夺位后迎附，得到信任，入阁时三十六岁。

第七个人叫胡俨，江西南昌人，当过和尚，后被荐举入京。七个人中，他的年龄最大，这一年四十三岁。但是他在内阁的时间也最短，第二年就调离了。

这些人大概都有这么几个特点：

一是听话，因为他们都是朱棣一手提拔起来的；二是不会攀附高官，也没有什么关系网；三是年轻有精力，有前途。这几个人就好像是一个有实权的秘书班子，既不会专权，又能够干事。

这些进入内阁的官员，实际的品级虽然最高的只有六品，可是朱棣为了让他们努力为自己工作，也让其他官员知道自己对这几个人的重视，便赐给了他们五品官服。后来赏赐六部尚书、侍郎金织文绮衣服的时候，也同时赏给了他们几个人。

朱棣既要让满朝文武知道这几个人的重要性，也要让这几个人知道自己对他们的重视。朱棣的皇后是明朝开国功臣徐达的大女儿，她是朱棣的好帮手。徐皇后知道朱棣即位之初用人的重要性，就提出在后宫接见这七位官员的夫人的想法，所以朱棣接见这几个内阁官员的时候，就对他们说："皇后说了好几次，要见见你们几个的夫人。"这七位夫人在当时叫命妇，虽然是命妇，也是有许多等级的。只有一品、二品官员的夫人能叫夫人，三品叫淑人，四品叫恭人，五品叫宜人，六品叫安人，七品叫孺人。明朝制度规定，每逢重大节日，命妇可以入宫朝见皇后，而只有三品以上的命妇才有资格。所以这次召见在当时是一个特例，对这七个人来说是了不起的荣誉。

被朱棣选入内阁的一些人，比如杨士奇、杨荣等，在仁宗、宣宗、英宗三朝均入直内阁，成为四朝元老。他们从三十多岁的中青年官员，变成了七十来岁的老臣；官位也从一般的七品翰林编修，升到了侍郎、尚书，有的还被加封了少师的头衔。不过这样一来，被选入内阁的官员就不再是一些资质比较浅的低品级官员了。内阁大学士们的权力越来越大了，地位也越来越高，与朱棣开始设置内阁的时候相比有了一些变化。再到后来，就出现了内阁大学士专权的情况。不过有一点没有变，就是内阁的官员一定是翰林院出身。

内阁制度是朱棣在政治体制方面的一个创造，它不由一名具有百官之首身份的官员去管理百官，而是在皇帝和百官之间架起一座桥梁，建立一个指挥中枢，有明显的政府功能。中国内阁比英国内阁早三百多年，比日本内阁早四百多年，这也算得上是中国在政治体制上对世界的一大贡献。

第十八章

厂卫之祸

1. 心腹之臣

朱棣选择了一批年轻有为的官员进入皇宫中的文渊阁，参与国家机要，从此形成了一种新的制度——内阁制度，明朝政治也因此发生了一些改变。

首先，有了一个代替丞相位置的中枢机构，但是又没有丞相那样的权势。尽管内阁官员不是丞相，但是他们从外廷进入皇宫，使得外廷官员的实际作用加强了，官僚政体的平衡性也有了一些变化。

所谓皇权专制，就是将权力集中在皇帝一个人的手中。皇帝专权，就必须控制所有的官员。外廷官员进入皇宫禁地以后，外廷的都察院、六科这些监察机构就无能为力了。所以，皇帝就得找到一种新方法，对内阁进行监控。要对内阁进行监控，就得找到更受皇帝信赖的人。什么人跟皇帝的关系比这些进到内廷的官员更为亲近呢？那就是一个特殊的群体：宦官。宦官专权是明朝的一大政治问题，大多数人认为，这个问题是从朱棣时期开始形成的。

明朝初年发生过这样一件事：有一天，一个服侍朱元璋时间最长的宦官，在跟朱元璋聊天的时候，说了一点对时政的看法。朱元璋当时就翻脸了，把这个宦官赶了出去，终生不再召回。

朱元璋为什么要这样做呢？这是因为他总结了历史的教训，认为使用宦官是乱政的原因。朱元璋说《周礼》中记述，最初天子周围的宦官不到一百人，可是后来越来越多，造成了政治问题。这些人只可以在宫中干些洒水扫地的杂活，即便让他做其他工作，也不要委以重任。秦代的赵高误国，东汉末年宦官擅政，唐末宦官随意废立皇帝……朱元璋从这些血的教训中得出如下结论：这些宦官中，也不是没有好人，但不过千分之一二，大多数是为恶的坏人。如果用为耳目，则耳目蔽；用为心腹，则心腹病。对这些人的管理原则，就是让他们畏法，不可以让他们有功。朱元璋为此专门铸了一块铁牌，上面刻着这样一行字：

内臣不得干预政事，犯者斩。

朱元璋的这个想法当然是好的，但真做起来，就不那么容易了。因为这些宦官跟皇帝关系最近，皇帝什么事都离不开他们，时间久了，就会有所任用。朱元璋也曾经派宦官出使。朱棣当了皇帝以后，口口声声说遵循朱元璋的祖训。在使用宦官这个问题上，他除了重申朱元璋的政策，还增加了一个限定——“无御宝文书……不得擅调发”。也就是说，没有加盖皇帝玉玺的文件，不得擅自调发宦官。如果文书加盖了玉玺，那就可以调发了。实际上是修改了使用宦官的规定，不再是能不能用的问题，而是谁能用的问题了。于是，这些宦官就成了朱棣一个人的耳目心腹。

身为皇帝，朱棣统治着天下，普天之下，莫非王土；率土之滨，莫非王臣。他下面的臣民到底想些什么，对这位皇帝是什么看法，他当然特别想知道。朱棣是夺位当上的皇帝，他更多疑，更想知道天下的官员百姓都在想些什么，所以他更需要用宦官侦刺缉察。在这种特定条件下，宦官们的特殊作用也就体现了出来。结果，朱棣培训出了一批有权有势的宦官和一批帮助朱棣侦察官民言论行动的特务，从而开启了中国历史上特务政治的先河。

朱棣的这些特务，不是打入敌人内部的间谍，而是专门负责侦刺缉察官员百姓言行举止的特务。

2. 密设东厂

明朝最有权势的宦官机构是司礼监，它主要有两种权力：一是批朱，就是在内阁大臣们拟写出来的文件上加上红字批注，然后才能付诸实施；一种是提督东厂。东厂即是由宦官管理的特务机构。

今北京中国美术馆南边有一个胡同，叫东厂胡同，就是朱棣修北京城时建的宦官特务机构的所在地。有些史书中说，东厂始建于永乐十八年（公元1420年），这一年正是修建好北京城开始迁都的时间。可是东厂这个机构，不会是到了永乐迁都以后才设立的，应该在南京时就已经有了，只是不为人知。所以也有史书记述说，东厂始设于永乐七年（公元1409年）旧历十月到十二月之间。

《明史》在提到宦官机构时有这么一句话：

> 凡内官司礼监掌印，权如外廷元辅；掌东厂，权如总宪。

意思是说，司礼监的大太监，权力相当于内阁首相；东厂的大太监，权力相当于都御史。

永乐年间发生过这么一件事，有一天一个名叫刘子钦的官员，因为喝了点酒，有点微醉，便在文渊阁中席地而睡。这一情况被朱棣派去刺探情况的宦官看到了，他立刻向朱棣报告。朱棣命人把刘子钦叫去，罚他到工部当一个办事的吏员。朱棣想，被贬官的官员一定心怀不满，不知道会说些什么，于是又派了宦官去监视他。宦官回来报告了刘子钦的情况，说他正老老实实地做吏员呢。朱棣就又把他召了回来，送回文渊阁。

有一次，广东布政使进京，他带了些岭南土产，分送给朝廷官员。这份送礼名单立刻被人抄录送到了朱棣手里。这份名单上没有杨士奇的名字，朱棣就把他叫来，问他知不知道这件事。杨士奇回答说知道，而且说这是因为这个官员赴任广东时，廷臣多有诗文相赠，所以他每次进京，都要表示感谢。当时杨士奇因为有病，没有去送行，所以不在名单中。他又说，这次送的礼物只是些土产，建议朱棣不要追究。

宦官不仅监视着在朝官员的一举一动，而且他们的视线遍布各地。

胡濙在云南一带调查建文帝下落的时候，遇到一位少数民族酋长。这个酋长想用三筐樱桃跟他换一本《洪武正韵》。《洪武正韵》是明太祖朱元璋时代官方公布的一部韵书，当时正音、写诗，都以这部韵书为准。胡濙觉得这是好事，就送了一本《洪武正韵》给酋长，但是没有接受他的樱桃。等到胡濙回去见朱棣的时候，朱棣突然问他："樱桃，小东西，路上渴了吃一点也无妨，你为什么不接受呢？"胡濙听后，吓了一跳。这么一件小事，朱棣在千里之外居然一清二楚。他只好解释说："是因为他想找我要一本书。"意思是说，如果对方不要书，他本来是可以接受樱桃的。对方一要书，就成了交换，就不能接受了。

胡濙本身就是朱棣的一个密探，一般官员都得防着他，可是他这个密探随时又在其他特务的监视之中。

有一次，老百姓家里发生了孙子殴打祖母的事情，这被认为是不孝的大事，被报告到朱棣那里，孙子被定成死狱。

朱棣为什么如此信任宦官呢？根据史书记载，有两个原因：一是“靖难”之役中，建文帝朱允炆重用儒臣，儒臣们对宦官非常轻视，而且强调绝不能任用这些宦官，宦官们没有出路，非常不满，所以有些宦官就跑去投靠朱棣，向朱棣报告京师的消息，帮朱棣夺取了皇位；一是说朱棣起兵后，燕王府中的宦官跟随他征战，立有战功，比如郑和、王彦、马骐等，所以朱棣相信和倚靠宦官。

这些说法都有一定道理，但是除此之外应该还有两个原因。第一个原因，从明朝的政治体制来看，必须通过宦官平衡内阁。第二个原因是，朱棣要推行专制独裁统治，他要加强专制的力度，就必须实行特务政治，于是需要有人承担起这项特殊的使命。

3. 重开诏狱

可是光凭一群宦官，还不能达到专制统治的目的。因为宦官不是正式的司法人员，有些事情他们办不来。于是，另一个在中国历史上名声不佳的机构——锦衣卫，得到了加强。

卫是明朝的最高一级的军事机构，锦衣卫跟一般的卫不同，它是皇帝的侍卫亲军，主要负责皇帝的仪仗。可是朱元璋为了加强专治统治，就把锦衣卫建成了一个类似宪兵队的机构。

锦衣卫不同于一般的司法机构，它不按国家法律办事，实际上是皇帝私人的刑狱机构，所以又被叫作“诏狱”，意思是皇帝下诏要关押犯人的刑狱。

锦衣卫下面设有镇抚司监狱，被关押在里面的犯人，主要是有罪的官员，身份跟一般犯人不一样，管理也比一般刑部监狱严格得多。送进里面的物品，要经过层层检查，不许里面夹带物品。锦衣卫监狱里面不能生火，而且只能吃冰冷的饭食，只能披件衣服避寒。朱元璋晚年，迫于舆论的压力，为了缓和统治集团内部的矛盾，下令废罢锦衣卫的诏狱，并且让人把锦衣卫诏狱的刑具都销毁了。

朱棣当了皇帝后，要做的头一件大事，就是恢复锦衣卫诏狱，而且从制度上把它确立下来。他把锦衣卫分成两个镇抚司，一个叫南镇抚司，主要职责是管理仪仗和工匠；另一个叫北镇抚司，专职管理刑法和诏狱。朱棣还专门设立了锦衣卫的指挥使，主管北镇抚司的事务。

说到朱棣时期的锦衣卫，就不得不提一个人。

当初朱棣起兵“靖难”的时候，曾经打到山东，一举攻下了济阳。济阳县有一位教谕，名叫王省。王省见县城不保，就把弟子们召集到明伦堂，当着学生们的面自杀了。王省的众弟子中有两个人，一个叫高贤宁，一个叫纪纲。这两个人虽然师从同一位老师，但是差别极大。高贤宁是一位才子，有气节。朱棣打到济南时，就是他写了一篇《周公辅成王论》揭露朱棣夺位的企图，劝朱棣退兵。纪纲呢，学行虽差，但挺聪明，又善于骑射。朱棣"靖难"之役攻克济阳的时候，他投奔了朱棣，得到了朱棣的赏识。朱棣夺位后，高贤宁被捉了起来。朱棣欣赏他的才气，想让他当官，可是他执意不肯，差点儿惹恼了朱棣，幸亏纪纲在朱棣面前说了些好话，才把高贤宁放归乡里。

朱棣身边有三个亲军卫指挥，除纪纲外，还有一个叫刘江，一个叫袁刚。因为三个人名字的音比较相近，所以被当时人称为"三纲"。他们因得到朱棣的信任，掌握着重要权力，其中尤以纪纲最得朱棣信任。

史书中说，纪纲按照朱棣的密旨，广布校尉，日摘臣民阴事。所谓臣民阴事，就是臣民们的隐私。纪纲如此卖力地为朱棣调查官员和百姓的一举一动，不久就被升为都指挥佥事。那么纪纲到底有多大的权势呢？

有一位"靖难"功臣，叫薛禄。他看中了一个女道姑，想买来做妾。可是纪纲也看中了这个道姑，想抢到手，两人因此结下了仇怨。有一次，纪纲在皇宫中遇到了薛禄，跟他打了起来，结果薛禄的头被纪纲打破了，险些丧命。薛禄也算得上是当时地位显赫的人物了，而朱棣居然没有怪罪纪纲。

这样一来，纪纲的胆子更大了。还有一次，一个名叫哑失帖木儿的都指挥使因为见到纪纲时没有立即避让道路，便被纪纲定了个罪名——冒功领赏，当即被纪纲用铁锤杀死。

纪纲为什么能这样肆无忌惮呢？跟陈瑛的情况是一样的，朱棣需要这些人当他的鹰犬，帮他监视臣民。纪纲就是朱棣实行专制统治的一个工具。像纪纲这样的人，平日积怨甚多，一旦朱棣迫于众怒抛弃他，他的下场就可想而知了。

纪纲横行了十四年以后，被仇人举报谋反，结果被杀，家属不分少长，全部发配到边远之地。

第十九章

通使西洋

1. 厚往薄来

明朝也有很出色的宦官，其中最具代表性的要属七下西洋的三保太监郑和。

朱棣为什么要安排下西洋的行动呢？《明史》中是这样说的：

> 成祖疑惠帝亡海外，欲踪迹之，且

欲耀兵异域，示中国富强。命（郑）和及其侪王景弘等通使西洋。

明朝刚建立的时候，朱元璋的外交政策是比较封闭的。洪武四年（公元1371年），他在皇宫接见主要大臣们的时候，曾经说过这么一番话：“海外蛮夷之国，有为患于中国者，不可不计；不为中国患者，不可辄自兴兵。古人有言，地广非久安之计，民劳乃易乱之源。……得其地不足以供给，得其民不足以使令，徒慕虚名，自弊中土，载诸史册，为后世讥。”这些话都被写进《皇明祖训》。朱元璋还专门开列了一批“不征之国”，比如朝鲜、日本、安南、占城、真腊、苏门答腊、爪哇、渤泥，等等。

朱元璋不但这么说，而且说到做到。到洪武末年，海外各国来朝贡的接待处——市舶司都停废了。朱允炆当了皇帝以后，忠实执行朱元璋的遗训。中国跟海外各国也没有太多来往，相安无事。没过几年，朱棣便从朱允炆手里把皇位抢了过来。这样一来，朱元璋的那番话就不灵光了。

起初，朱棣准备派人到海外各国宣布明朝改了皇帝，换了年号，让各国来朝贡。他当时已经安排好了，有的人去日本，有的人去爪哇，也有人去暹罗。可是这些人还没走，就有人来报告，说日本使臣已经到了浙江宁波，而且还带了兵器跟民间私下交易。

礼部官员说：“故事，外国使臣来中国，不得私带兵器交易。应该派官员核查他们的船只，没收违禁物品，押送京师。”故事，就是惯例的意思。

朱棣却说：“外国人来朝贡，经历了海路的风险，花费也不少。做生意赚点钱，也是人之常情，怎么能照搬旧章呢？至于兵器嘛，只要按市价交易，就不要管了。”

从此以后，什么白银交易、携带东西在民间贩卖且不交纳关税等事，朱棣一概不予过问。

为了鼓励外国人来中国，朱棣把朱元璋晚年废掉的市舶司给恢复了，在福建、浙江、广东设了三个市舶司，负责接待外宾。还在京师建了会同馆，专门接待外宾。

当时从陆路来到中国的外国人也不少。据史书记载，永乐二十二年间，从中亚来到中国的使团大概有二十个来自帖木儿帝国，还有几十个来自其他国家和地区，平均一年好几个。除了正式的官方使臣之外，还有不少商人随团而来。有时候，一个使团就有五六百人。这么多的外国人来了，语言不通怎么办呢？于是朱棣又建了四夷馆，即当时的翻译机构，还专门培养翻译人员。

这样一来，前来朝贡的大大小小的国家和地区，数以百计。像朝鲜、日本这些邻近的国家自不必说，还有许多距离中国很远的国家，也不远万里，来到中国。他们为什么这么愿意来中国呢？这跟当时朱棣的外交政策有很大关系。朱棣实行的是“厚往薄来”的政策。外国人带来的所谓贡品并不多，倒是朱棣送给他们的礼物特别丰富，而且还准许他们在中国做生意赚钱。

对于明朝来说，这不是赔本的买卖吗？确实，从经济上算这笔账，怎么算都不合算。可是从对外政治关系上来算这笔账，就不一样了。中国皇帝追求的是政治上的独尊，为了得到“远人”（明朝皇帝把海外来的人称为“远人”），为了得到他们的尊崇，花多少钱，都值得。

郑和下西洋的壮举，就是在这样的形势之下，在朱棣这番思想的指导下开始的。

2. 四海扬帆

永乐三年（公元1405年）旧历六月十五日，郑和率领一支庞大的船队，从苏州刘家河出发，经福建五虎门，开始了第一次远航。这就是中国历史上著名的“郑和下西洋”。

明朝时，中国人把海外世界分成两个部分，一部分叫东洋，一部分叫西洋。东西洋的分界，大约在今天的中印半岛一带。

朱棣为什么选中郑和呢？首先，郑和是跟随朱棣“靖难”的有功人员。他原姓马，家在云南昆阳。十二岁时，被送到朱棣的燕王府当宦官。可以说他是在朱棣眼皮子底下长大的，算是亲信。他的名字，就是因为在郑村坝作战有功，由朱棣亲赐的。其次，郑和信奉伊斯兰教。朱棣最初让他下西洋的目的地是中亚一带，那里的国家大都信奉伊斯兰教，郑和出使这些国家，与他们有共同信仰，当然更方便些。第三，郑和有航海知识，有组织能力和战斗指挥能力。

结果郑和下西洋的活动，一发而不可收，从永乐三年（公元1405年）起，先后七下西洋。这七次的时间分别是：

第一次：永乐三年（公元1405年）六月十五日，至永乐五年（公元1407年）九月二日；

第二次：永乐五年（公元1407年）九月十三日，至永乐六年（公元1408年）九月；

第三次：发布下西洋的命令在永乐六年（公元1408年）九月，可是由于郑和当时还没有回来，其正式出发时间是永乐七年（公元1409年）九月，至永乐九年（公元1411年）六月归；

第四次：永乐十一年（公元1413年）冬，至永乐十三年（公元1415年）八月；

第五次：永乐十五年（公元1417年）五月，至永乐十七年（公元1419年）七月；

第六次：永乐十九（公元1421年）二月出发，郑和于永乐二十年（公元1422年）八月返回，但部分船队仍在海外，至洪熙元年（公元1425年）返回。

郑和在朱棣时代的下西洋活动就是这六次。第七次是在几年之后的宣德五年（公元1430年），这时候明朝的皇帝已经是朱棣的孙子朱瞻基了。

郑和下西洋是人所共知的盛世壮举，后来有人把郑和出使的经过写成了小说，叫《三宝太监西洋记通俗演义》。故事情节十分生动，比如说有一名下西洋的士兵因为患了疟疾快要死了，船上的人就把他留在一个海岛上，还给他留下了一些炊具、衣服和食物。这个士兵上了岛以后，被一场大雨淋得湿透，结果病反而好了。于是他就找了个山洞住了下来。岛上林木茂盛，所以有不少鸟蛋，士兵倒是不缺食物。有一天，这个士兵发现了一个像是大蛇出入的地方。他便削尖了竹子，布置在那里。第二天再去看，发现一条大蛇已经死在海里了。在蛇经常出没的那条山沟里面，他发现了许多巨大的珍珠。原来这条大蛇吃掉了不少有珍珠的海蚌，珍珠都跑到大蛇肚子里了。这个士兵把珍珠收集起来，一共好几大包。后来下西洋的船返回时又经过这里，士兵便被救上船。

在这本通俗演义里，不仅有传奇的故事，还记述了郑和下西洋的过程，以及许多不大为人所知的谜团。

3. 不求长生

中国历史上，派使臣出海的皇帝最著名的就是秦始皇和永乐皇帝。不过秦始皇派徐福出海，是为了找长生不老药；朱棣派郑和出海，是为了发展外交。那么，朱棣是否也想长生不老呢?

朱棣登基之初，有人献过《道经》给他，一是希望朱棣用《道经》治国，就像汉朝那样，无为而治。二是劝他用道家养生之道，以求长生不老。

后来又有人献上了金丹和方书，告诉朱棣说，吃了金丹，再用他的方书修炼，就可以长生不老。朱棣却说："秦皇、汉武为方士所欺，乃又欲欺朕！”于是让那个方士把金丹吃了，并烧掉他献的方书，把他赶了出去。

朱棣曾经说过这么一段话：“人但能清心寡欲，使气和体平，疾病自少。如神仙家说服药引导，亦只可少病，岂有长生不死之理？近世有一种疲精劳神佞佛求寿，此又愚之甚也。”（《皇明典故纪闻》）

这么看来，朱棣是真的不相信长生不老，所以他派郑和下西洋，从来不是为了找长生不老药。

那么朱棣是不是也因此不相信佛教和道教呢？一般来说，皇帝都比较容易相信道教，因为道教讲究养气健身。朱棣因为身体不太好曾经生过一场大病。史书中虽然没有明确记述，但据考证，他生病的时间大约在永乐十二年（公元1414年）左右。给他治病的是一位叫曾辰孙的道士。他在给朱棣治病的过程中，自称曾经向徐知证和徐知谔“二徐真君”祈祷，还说梦见“二徐真君”给了他灵药，他因此才治好了朱棣的病。“二徐”是五代时候的南唐人，主要活动在福建一带。因为他们曾经在福建平乱，得到后人祭祀，慢慢就被神化成真君。但其实他们算不上正宗的道家真君，而且受到批判。朱棣为什么会相信这两个不入正宗的真君呢？话说回来，这跟郑和下西洋多少有那么一点关系。

郑和下西洋，必经福建，所以也就带回来一些关于“二徐真君”的传说。这一回曾辰孙又说是因为向“二徐真君”祈祷，并被赐予灵药，才治愈了朱棣的病，朱棣便不得不信了。所以永乐十五年（公元1417年），朱棣下令封“二徐真君”为护国真君，并在北京修建了洪恩灵济宫。

朱棣传

第二十章

人间神界

1. 大修武当

武当山是中国的道教名山，早在汉代就有道家在此修炼，留下了许多名胜古迹。传说，元末明初的时候，太极拳的开山祖师张三丰就曾经在这里修炼。传说张三丰穿着一件破旧道袍，脏兮兮的，所以人们叫他“张邋遢”。朱元璋派人去找他，他避而不见。到朱棣当上皇帝，他也让人去找张三丰，一方面是借着找张三丰的名义去找建文帝，另一方面也是真的想见一见这位世外的高人。当然，朱棣也没有找到张三丰。神乎其神的张三丰，到了明朝初年应该有一百多岁了，也许早就不在人世了。

对武当山规模最大的、最全面的修建，还是在朱棣时代。据史书记载，永乐十年（公元1412年），朱棣派驸马都尉沐听和隆平侯张信负责督工，由工部尚书郭琎调动军士和民夫三十余万人，开始了武当山的全面修建工程。在这些重要官员的监督下，聚江南五省的财力，动员几十万军士和工匠，前后花了十多年的时间，终于建成了一处拥有九宫九观、三十六庵堂、七十二岩庙、三十九桥、十二亭的规模庞大的道教建筑群。

其中最有名气的是永乐十年（公元1412年）修建的玉虚宫。玉虚宫由大殿和堂、祠、坛、庙一共两千两百多座建筑组成，而且是皇家的建筑规格，宫内有玉带河穿过，红墙黄瓦。

另一处主要建筑是遇真宫，建于永乐十五年（公元1417年）。遇真宫的大小殿宇多达两百九十六间，主殿叫真仙殿，里面供奉的就是张三丰。

金殿建在武当山天柱峰的峰顶。天柱峰峰顶极狭窄，南北只有七丈，东西不到四丈。金殿殿面共三间，进深有三间，完全是用铜铸成的，外面鎏金。这座金殿里面的神像、桌案和祭器，也全都是铜铸而成。

金殿下面的山腰上围绕着一周石城，名叫紫金城，虽然比不上北京的紫禁城那样宏伟，但是在奇峰险要之地，另有一番宏丽的气势。明朝人在游记中写道（王士性《五岳游草》卷八《太和山游记》）：

> 羊肠鸟道，飞磴千尺……茫然四顾，身影缥缈……罡风剌剌起，吹屋离崖，骈肩动摇，欲坠不坠，又如坐楼船，荡漾于惊涛怒浪中。

朱棣为什么这样大张旗鼓地修建武当山呢？

早在明朝的时候，人们对于这个问题就有各种说法。一种说法是，因为朱棣在“靖难”夺位的战争中，得到了道教的主神真武大帝的护佑。

据说，在“靖难”之役中的郑村坝之战前，朱棣为了率军渡河，曾经祈祷说：“天若助吾，河冰即合。”当夜河上果然结冰，于是全军顺利渡河。白沟河之战前，朱棣自称看见刀枪头上有火光，听见金铁器物铮铮作响，弓弦皆鸣，这都是上天助战的信号。作战当中，双方相持不下的时候，又有大风相助，刮断了李景隆的军旗，造成李景隆全军混乱，朱棣大获全胜。到了夹河之战的时候，朱棣列阵在东北，朝廷军队列阵在西南。午后双方激战，又刮起了东北风，燕军乘风攻击，再一次大败朝廷军队。

这些预兆和大风，都被朱棣说成是得到了上天的护佑。而朱棣起兵于北方，每战大都从北向南攻击，有风雨相助，那就一定是受北方神灵的护佑。这个北方的神灵，他认为是道教的主神真武大帝。

可以这么说，最重要的不是朱棣信不信道教，而是他需要道教。他这样说，就是要告诉所有人，他的所作所为都是受神灵护佑的，他才是真正的天子。

既然朱棣对于道教的推崇主要是出于政治上的需要，那么他推崇的就不会仅仅是一个道教。道教是中国土生土长的宗教，佛教也在很早前就传入中国并且深入民心了，影响力比道教还要大些，所以朱棣也十分重视佛教。

2. 番僧宠遇

朱元璋在位时，就在今天的西藏地区设置了军政管理机构。当时设立了两个都司，一个叫朵甘都司，一个叫乌斯藏都司。当地的宗教领袖是被尊为尚师的哈立麻。

朱棣登基改元的第二个月就派了宦官和僧人作为使者，带着礼物前往乌斯藏地区，请哈立麻进京。因为道路艰险，直到永乐四年（公元1406年）十二月，朱棣才收到使者们派人送回的奏书，说哈立麻即将抵达京师。

朱棣在皇宫最主要的宫殿奉天殿接见了哈立麻，给予他及一同前来的徒弟们大量的赏赐。第二年二月，朱棣让哈立麻在南京的灵谷寺做“普度大斋”的大道场，一连七天，为朱元璋和马皇后祈福。这七天发生了不少稀奇古怪的事情，都是所谓的“祥瑞”之兆，什么甘露、甘雨，什么青鸟、白象，还有青狮、白鹤、天花、卿云、舍利佛光，甚至还有人听到梵乐自上空而下。大学士胡广还写了一篇《圣孝瑞应颂》，朱棣让人谱上曲子，在宫中演唱。

朱棣做这些事情可谓一箭双雕。

首先，这样能抬高乌斯藏僧人的地位，可以笼络西藏地区，加强其对中央政府的归属，保持地方的稳定和朝廷对当地的控制。此外，朱棣刚刚夺位登基不久，正是要表现他继承皇位的合法性的时候，所以他才大张旗鼓地在京师灵谷寺搞祭祀活动，让人们都知道，他才是朱元璋的继承人；再附会上那么多的“祥瑞”之兆，说明上天肯定了他的做法。

道场做完了，少不了对哈立麻等人的丰富赏赐，朱棣给了哈立麻一个最为尊贵的封号。在哈立麻将要到达南京的时候，朱棣就封了哈立麻的一个弟子为大国师。此时，他又封哈立麻为“万行具足十方最胜圆觉妙智慧善普应佑演教如来大宝法王西天大善自在佛”，即大活佛。

当时西藏正在进行宗教改革，这些法王、活佛的影响力虽然很大，但是还没有分地，西藏的各个地区还是由封建领主管理。于是朱棣就把这些封建领主赐封为阐化王、赞善王、护教王、阐教王、辅教王，从而控制了整个西藏地区。

《明史》载：

> 初，太祖招徕番僧，本藉以化愚俗，弭边患，授国师、大国师者不过四五人。至成祖兼崇其教，自阐化等五王及二法王外，授西天佛子者二，灌顶大国师者九，灌顶国师者十有八，其他禅师、僧官不可悉数。

朱棣为什么要这么做呢？那是因为“以番俗惟僧言是听，乃宠以国师美号，赐诰印，令岁朝，由是诸僧番来者日多……以故西陲宴然”（《明史》卷三三一《朵甘传》）。

“西陲宴然”，说的是国家西部地区平安无事。西藏地区稳定，人民安居乐业，这就是政治手段。

第二十一章

盛世之典

1. 文献大成

朱棣把儒家、道家、释家（佛家）都作为了他统治的手段，因此可以说他是一个杂家式的人物。朱棣这个杂家最终完成了一部流传后世的百科全书式的成果——《永乐大典》。

《永乐大典》是一部了不起的书，它把明朝及以前的书尽可能多地找来，按照类别摘收，成了一部经过加工整理的古代文献类编，所以《永乐大典》也是一部“类书”。这部书一共有两万两千八百七十七卷，分为一万一千零九十五册，仅书目，就有九百卷之多。

朱棣为什么要修这部大典呢？中国有句老话，叫作“盛世修书”。因为大规模地修书，不仅需要人力、财力，还必须有稳定的社会条件。朱棣要标榜自己统治的时代是永乐盛世，所以要修一部大规模的书。但是，这部书修得早了一点，当时还没有实现永乐盛世。

永乐元年（公元1403年）旧历七月初一这天，朱棣到太庙祭祀祖先。仪式过后，他对解缙说：“天下古今的事物，散载于诸书，篇幅多不胜读，不容易检索。要是能够做这么一部书，把我们能见到的书里面记述的内容都收集起来，分好类，按音韵顺序编好，需要检索的时候，就如同探囊取物，岂不是太方便了。按照我的意思，不管经、史、子、集，百家之书，不管天文、地理、阴阳、医、卜、僧、道、技艺，均辑成一书。”于是成立了修书馆，开始了这项文化工程。

永乐元年（公元1403年）七月，一场叫作“追治奸党”的运动正在进行当中。在这时提出修书，或许是因为朱棣想利用修书鼓吹文治，缓和与当时读书人的矛盾，并笼络这些读书人。解缙接了圣旨，说办就办。转眼到了永乐二年（公元1404

年）旧历十一月，解缙把这部一百多人花了一年多时间编好的书正式上呈给朱棣。朱棣很是高兴，特地给这部书起了个名字，叫《文献大成》。

2. 兼容百家

书修成了，朱棣很是高兴，可认真一看，他就变脸了。在朱棣看来，解缙他们修成的这部书，实在算不上“大成”之作。朱棣想修的是一部百科全书，可是解缙是儒臣，是儒学的卫道士，他对于流传下来的书籍有自己的看法。解缙曾经说，少年时代，他读书很多，可以说“无所不读”；“而后知昔之所读，有不必，有不可”；到了成年以后，更认为“虽然书不可不读，有不必读者，有不可读者”。什么书不必读、不可读呢？他说：“方外异端之书不必读，妄诞迂怪之书不必读，驳杂之书不必读，淫泆之书不可读，刻薄之书不可读。”（解缙《解文毅公集》卷九《溪山读书处记》）

“方外异端”指的是宗教之书，“妄诞迂怪”指的是神鬼之书，“驳杂”指的是非正统的杂说之类的书，“淫泆”指的是情色之书，即“五不读”。五类书不读，那就只剩下经、史、子、集中儒家一家的东西了。这样一来，朱棣只好让人再重修这部书。看来只靠解缙是不行了，于是朱棣想起一个人，这个人就是当年帮助他夺位打天下的谋臣道衍和尚。他兼通佛、道、儒和诸子百家之学，应该说，他才是主持修著一部大型百科全书的最佳人选。这次参加修书工作的人大大增加了，一共有两千一百六十九人，里面既有文苑名士，也有名僧、名医、书画家，各种人才毕集。

朱棣对这一次修书也比上一次更加关注了，经常去查看进展情况。这一天朱棣来到文渊阁，向解缙他们问起修书的情况。

朱棣问："文渊阁里面的经、史、子、集齐备吗?"

解缙回答说："经、史粗备，子、集尚多缺。"

中国古代将图书分成经、史、子、集四部。经部的书，就是经典著作，比如《诗经》《孝经》；史部的书，就是写历史的书，比如《史记》《汉书》；子部的书，就是个人的学术见解著作，比如《荀子》《墨子》；集部的书，就是文集、诗集。

朱棣听了，很不放心，对他们说："一般士人之家，都会买书收藏，何况我们朝廷呀。赶快派人去采购，多多益善。"

到了永乐五年（公元1407年）旧历十一月，这部书终于修成了。书中辑录了上自先秦，下到明初的各种书籍七八千种，包罗了经、史、子、集、百家、天文、地志、阴阳、医、卜、僧、道、戏剧、小说、技艺各方面的内容。朱棣给这部大书起了个很响亮的书名：《永乐大典》。

3. 大典谜踪

朱棣在为这部书写的序言中说：

> 尚惟有大混一之时，必有一统之制作，所以齐政治而同风俗。序百王之传，总历代之典。

只有国家统一的盛世，才能有这样统一的大制作问世，才能统一政治，倡导世风。

书修成后便被放到文渊阁里收藏了起来。朱棣曾想把这部书刻印出来。但是要想把这部书刻印出来，首先得再抄一部，然后再行刻印。计划花上两年时间，到永乐七年（公元1409年）旧历十月完成。可是这项工程的工作量实在是太大了，这个愿望最终未能实现。

在这部书修成一百多年以后，朱棣的后世子孙当了皇帝，这个皇帝就是明世宗嘉靖皇帝。嘉靖皇帝笃信道教，学着朱棣修道观，祭武当山，所以他对《永乐大典》里面关于诸子百家的记载特别有兴趣。他经常翻看这部书，越看越觉得好。可是这部书只有一个写本，没有刻印，也没有复本，万一出点什么事情，这么好的一部书，就再也看不到了。当务之急，就是赶快让人再抄一部收起来，于是就开始了《永乐大典》的抄写复本工作。

据史书记载，当时共一百八十人抄书，规定每人每天抄写三页，每页三十行，每行二十八个字，结果一下抄了五年，直到隆庆元年（公元1567年），这部大典才算抄完。

从此，这两部《永乐大典》就被分别存放到了两个地方。一部放在皇宫里面，一部放在皇史宬。皇史宬，就是明清两代皇室保存皇家史册的档案馆。“宬”是指古代用于藏书的屋子。

令人遗憾的是，这两部抄写本都不见了。

关于《永乐大典》的下落，一直是个谜。清朝末年时，《永乐大典》就剩下了一部副本。

清光绪二十六年（公元1900年），八国联军入侵北京的时候，这部副本《永乐大典》再次遭到劫毁。据说有些毁于战火，有些被侵略者掠走，有些甚至被他们用来当废纸擦枪了。

如今经过再三努力地找寻，也不过收集到了几百卷。现在影印的《永乐大典》只有七百三十卷，连原书两万两千多卷的零头都不到，实在是令人扼腕叹息！

人们一直关注的《永乐大典》正本，究竟到哪里去了呢？

第二十二章

亲征漠北

1. 志在北方

朱棣先后让解缙和姚广孝主持修成了一部举世无双的《永乐大典》，目的是为了查阅方便，所以不仅引录编辑的书种类繁多，而且分类摘编。可是这部巨著编成之后，朱棣却没有认真地阅读，而是将它束之高阁了。

明朝人讨论这件事的时候，说了这样一句

话——朱棣“多修马上之业，未暇寻讨”（沈德符《万历野获编》卷一《总裁永乐大典》）。意思是说，自这部书修成后，朱棣就忙着打仗的事情去了，没有工夫再来查阅这部大典。

《永乐大典》修成于永乐五年（公元1407年）的岁末，此时在哈密西北发生了叛乱，不过这次叛乱很快就被平息了。

自明朝建立，哈密首领就有心归附明朝。永乐元年（公元1403年），哈密正式归附，当地首领被朱棣封为忠顺王。这个忠顺王有个侄子，名叫脱脱，小的时候在朝廷与当地的战争中被俘，以后就一直留在南京。等到他年龄稍长后，朱棣就把他选为宫廷护卫，放在身边，十分信任。永乐三年（公元1405年），忠顺王死了，朱棣下令让脱脱回哈密继承王位，并且正式设立了哈密卫。哈密卫不同于一般的卫，是一个由少数民族自治的军政合一的卫级行政区。

朱棣为什么这么重视哈密地区呢？这是因为哈密的地理位置十分重要，它既是朝廷管理畏兀儿地区的关键，同时也是控制蒙古地区的关键。

元朝自从被明朝推翻，就被迫退到了草原大漠一带，称为北元。后来，北元内部发生纷争，五代君主都是被人杀死的，最后连元朝国号也不要了，分成了两支主要部落，一支叫鞑靼，一支叫瓦剌。这两个部落之间经常发生战争，跟明朝的关系虽然不像北元时代那么紧张，可是直到朱棣当上皇帝，鞑靼和瓦剌两个部落都没有归降明朝。

朱棣登基之初，无力北顾，唯恐北边有什么事，星象一有变化，他就忧虑。

“月犯氐宿东北星”，这是对主将不利的星象；“金星出昴北”，这是北军胜南军败的星象；“火星犯垒壁阵”，这又是谁先起兵谁失败的星象……朱棣设立哈密卫，为的就是从西北边加强对蒙古地区的控制。可是光靠一个哈密卫，显然是不够的。朱棣还想在东北地区设立这种由少数民族自治的军政机构，从东北边加强对蒙古地区的控制。不过朱棣在东北采取的方式跟在西北有所不同。朱棣在东北设立了许多卫所，其中最有名的就是成为清朝起家之地的建州卫，还有设立在今天俄罗斯境内的奴儿干都司。

朱棣就这样小心谨慎地过了几年。到永乐五年（公元1407年）年底《永乐大典》修成的时候，他在西北和东北的一盘棋的布局已基本完成。

正巧，第二年，瓦剌首领向朱棣归附了，这对朱棣来说实在是一个好机会。朱棣当即封了瓦剌的三个首领，封马哈木为顺宁王，封太平为贤义王，封秃孛罗为安乐王。这样一来，他就可以全力对付不肯归附的鞑靼了。

2. 丘福丧师

永乐七年（公元1409年）春天，朱棣从南京北巡到北京。这是他夺位当了皇帝以后，第一次回到北京。这次回来，他干了四件大事：

第一件就是给瓦剌首领封王；

第二件是在黑龙江最北端设立了奴儿干都司；

第三件是在北京北边的昌平修建自己的陵墓——长陵。

本来朱棣迟迟不想做第四件事，他还是希望通过友好往来，解决北方的问题。当时北方守将报告说，在一次冲突中俘虏了二十多个鞑靼人。朱棣觉得这是一个跟鞑靼和好的机会，于是就派了官员，带了书信礼物，前往鞑靼，提出“相与和好”“彼此永远相安于无事”。

使臣派出去了两个多月，也没有音讯。直到两个多月以后，朱棣才知道他派去的使臣已经被杀了。这下可把朱棣气坏了，所以，他在这一年做了第四件事——命将出征。

这是朱棣当了皇帝以后的第一次北征，他还是比较谨慎的，他精心挑选了一批有出征经验的老将。主将丘福是跟随他夺位的功臣，这一年已经六十七岁了；副将王聪年轻些，也有五十三岁了；另一位副将火真，六十一岁；两名参将王忠五十一岁、李远四十六岁。

出征之前，朱棣对几位将领说："这次出兵一定要慎重，北方地广，一般不容易见到敌人，可是不能掉以轻心，一定要时时刻刻警惕，就像敌人就在身边一样，指挥军队进退都要有准备，用兵作战的时候要有后备队。总而言之，要用打老虎的力量去打兔子。"

这时候鞑靼刚刚在跟瓦剌的作战中失利，退回到了胪朐河一带。胪朐河即今天的克鲁伦河，在蒙古人民共和国首都乌兰巴托的东面。

丘福等人率师出征，一路顺利，一直来到胪朐河南岸时，才遇到少量鞑靼骑兵。明军立刻将其击败，顺利渡过了胪朐河。丘福从俘虏口中得知鞑靼主力退后了三十里，因灭敌心切，立即率军北进，来到了鞑靼主力的营地。

出征的大军本来约定在胪朐河会师，一同进击。此时丘福的骑兵先到，他孤军深入，跟大军脱节，处于进退两难的不利境地。

有人看出问题，向丘福建议说："我们上了敌人的当了，这是诱军深入之计呀。如今我们进击，力量不足；后退，敌人便会乘势追击。我看不如先建起营垒，白天派少量骑兵跟他们纠缠；晚上点灯火，放火炮，虚张声势，让敌人不敢来攻。等到大军到齐了，再全面出击也不迟。”

可是丘福根本没把敌人放在眼里，他率领千余名骑兵，向敌人发起攻击。结果鞑靼大军早有准备，将这少量的明军包围了起来，一仗下来，明军全军覆没。后续部队得知前面失败，又没有了主将，只好败退。鞑靼骑兵乘势追击，明军损失惨重。

一个月以后，被打散了的明军士卒陆续逃回，带来了丘福丧师胪朐河的消息。这一下，举朝震惊。朱棣也不得不主动承担起战败的责任，他说：“这是朕不明知人之过。”

朱棣决定亲自率师出征，踏上了五征漠北的漫漫征途。

3. 血染大漠

皇帝亲自率师出征，可是一件了不起的大事。皇帝亲征，跟命将出征可不一样。命将出征打了败仗，还可以再派人去打。皇帝亲征如果打败了，就没有退路了，所以这场仗只能打赢不能打输。

首先要做好充分的准备，要认真选择将领，调集精锐部队，还要在沿途筑城贮粮，保证军粮供给。

其次要取得瓦剌对这次出征的支持，不能让瓦剌跟鞑靼联合起来。

第三，皇帝出征了，国家的事情要有人来管，得安排好日常工作。

最后要选择一个合适的时机。朱棣选择了第二年的二月。早春二月，严冬刚过，春草未长，人疲马瘦，是北方游牧民族生活最艰难的时刻。

准备就绪后，永乐八年（公元1410年）旧历二月初十，朱棣在北京举行了隆重的亲征仪式，率领着大军，从德胜门浩浩荡荡地出城向北，开始了漫长的征途。

朱棣为什么一定要亲自出征呢？一方面，他对再次派将领出征不放心，没有把握，怕再次失利。另一方面，他也有一个出征的情结。

因为是皇帝亲征，所以行动十分谨慎，行军速度也不快，三月，大军才刚刚出塞；五月初一，才来到当年丘福丧师的胪朐河。朱棣十分感慨，立马河岸，沉思良久。看到他的马在喝河水，当即将这条河改名为饮马河。朱棣下令渡河扎营，建立起北征大营，然后亲自率领精锐骑兵，带上二十天口粮，继续向北，倍道而进，终于在第二天追上了鞑靼骑兵。

面临朝廷大军，鞑靼内部有了分歧，一支避开朝廷大军，向东面去了；只剩下一支迎战。

这一回朱棣是有备而来，而且兵强马壮，双方一交手，鞑靼骑兵就被击败了。朱棣没有下令追击，他知道在大漠中作战，必须坚持穷寇莫追的原则，以免中了敌人的埋伏。再说朱棣的目的不是消灭鞑靼，而是让鞑靼归顺朝廷，所以部将们献上俘虏的时候，他下令将这些俘虏们释放，而且给了羊马口粮，禁止官军侵扰，让他们安居乐业。

此时的朱棣像是找回了当年在塞外征战的感觉，觉得意犹未尽，所以回到胪朐河大营以后，朱棣只让步兵回师，自己又率领骑兵向东去找寻另一支鞑靼骑兵。这一支鞑靼骑兵本来就不想跟朱棣作战，见朱棣追来了，不知道怎么办好。有人主张打，有人主张降。朱棣一看机会来了，突然发起攻击，很快就把这一支鞑靼骑兵打败了。

这一次北征，作用还是很明显的。鞑靼不但被打败，而且造成其内部分裂，力量削弱了不少。

瓦剌力量本来就不如鞑靼，所以归顺了朝廷，朱棣还封他们的首领为王。现在鞑靼被朱棣打败，力量削弱了，瓦剌就趁机发展起来，占据了鞑靼的地盘，于是鞑靼首领又来求助于朝廷。

这一回，朱棣也封鞑靼的首领阿鲁台为和宁王。瓦剌不服气了，出兵攻打鞑靼，一直打到了胪朐河。阿鲁台向朝廷求援，于是又引出了朱棣的第二次亲征。

永乐十二年（公元1414年）农历三月十七日，朱棣率领五十万大军，还带上了皇太孙朱瞻基，浩浩荡荡地踏上了第二次征途。有了上一次出征的经验，这一回的进军更顺利，提前十天就到达了胪朐河。瓦剌得知朱棣亲征的消息，在叫忽兰忽失温的地方列阵以待。

虽然上一次出征胜利，朱棣仍然十分小心。他下达命令说："凡是见到黄羊、野马、野鹿惊跑，就要报告；凡是见到有尘土飞扬，不管是刮风还是野兽奔跑造成的，都要报告；凡是见到有马粪、驼粪或者丢弃的衣物，都要立即报告；远望有似动物非动物、似人非人的东西，要立即报告；夜晚看见火光，要立即报告。"

朱棣知道，这次跟上次的情况大不相同。有利的方面是瓦剌也远道而来，在鞑靼领地作战，而且鞑靼部与朝廷联合对敌。不利的是，这次瓦剌倾巢而来，比上一次鞑靼分裂成两部强大得多。所以这一次的战况也更为激烈，双方死伤惨重。朱棣虽然依靠人马众多和火器的优势最终取胜，但身边主将也死伤不少。

瓦剌虽然战败，但是表现出了北方马上民族英勇善战的一面。直到朱棣回师途中，还不时遭遇到小队骑兵的袭击，所以史书（谈迁《国榷》卷一六）记录这一次出征时说：

几危而复攻，故急还。

不过此次战争也让瓦剌大伤元气，失去了对鞑靼的优势。战后不久，瓦剌首领就派人入朝谢罪，献上马匹，送还扣押的使臣。北边的局势又重归稳定了。

朱棣班师回到北京后，照例庆贺一番，论功行赏。按照正常安排，朱棣应该回南京去。可是他没有立即回去，因为他病倒在北京了。直到永乐十四年（公元1416年）旧历九月，朱棣大病初愈，才离开北京前往南京。

第二十三章

迁都北京

1. 天子守边

朱棣第二次北征回来病倒在北京。在养病的两年里，他悟出了一个道理——南京离北方太远了。用当年朱元璋的话说，就是鞭长莫及。从南京到北京，在当时情况下，乘车骑马也要个把月时间。一旦北方边境遇到险情，则会心有余而力不足。朱棣要想实现北方的稳定统一，就得搬到北方来。

这时候明朝的首都还是今天的南京。朱元璋打天下的时候，主要战场在长江流域，所以把南京（当时叫作应天）作为根据地。可是等到他统一全国，他就意识到应天距离北方太远，对于统治全国，不是那么有利。所以开国之初，朱元璋并没有明确建立首都。到了洪武十一年（公元1378年），朱元璋才正式下诏，定应天为国都。

当时对于国都地点的选择，众说纷纭。有人建议元大都，有人建议汴梁，也有人建议选关中地区的西安。朱元璋也曾经想把开封定为国都，可是后来又改变了主意，选定了西安。洪武二十四年（公元1391年），他派太子朱标巡视西北。朱标回来后献陕西地图，提出迁都的方案，可是最终没有实施。因为朱标回来后不久就病死了，这对朱元璋打击很大。腊月二十三，朱元璋在祭灶神的时候说了这样一段话："朕经营天下数十年，事事按照前人规矩去办。只是建的宫殿，前高中低，形势不好。我本想迁都，但是如今年老力衰，又因为天下初定，不想再劳民伤财，况且一切都有上天安排，我只能听天由命了。请上天知道我这番心思，降福给我的子孙后代。"

朱棣是在北京起家的，他当燕王的时候，北京叫北平。等到他夺位当上皇帝，就把"龙兴之地"的北平改成了北京。朱棣建北京时把建制尽量抬高，跟南京的应天府相对应——他在北京建立了顺天府。北京的地方机构不叫布政使司，叫行部，意思是中央直属地区。还在北京设立了国子监。国子监过去也叫太学，是国立大学，里面的学生叫监生，也叫太学生。这些学生可以直接做官，也可以直接参加会试。

永乐四年（公元1406年），朱棣下令修建北京宫殿。这件事很容易引起人们误会，以为朱棣从这个时候起就为迁都修建皇宫了，其实朱棣只是想自己北巡时有个住处。他当年在北京有一座燕王府。燕王府是元朝的皇宫，从规制上也说得过去，可是改建成王府以后，就不再是皇宫的规格了。朱棣现在当了皇帝，再住燕王府就不合适了，所以他要让人修建北京的宫殿。

大约到了永乐七年（公元1409年），北京宫殿就修得差不多了。这一年春天，朱棣回到北京，这是他当了皇帝以后第一次回来。跟他一起来的，有吏部、户部、礼部、兵部、刑部、工部六个部和都察院等正式机构的官员。虽然这些机构前面都加了“行在”两个字，但实际是把朝廷搬到北京来了。

朱棣这次到北京，办了几件大事，其中一件大事就是选陵址。

说起选陵址这件事，也有一点故事。据说最初选了北京西边的潭柘寺，可那是一座著名的古寺，不好毁寺建陵；后来又选中了京西山里面的燕家台，可是“燕家台”的发音有点像“晏驾台”，皇帝死了就叫晏驾，不吉利；最后选中了十三陵长陵这块地方，当初这里叫黄土山，被朱棣选中作为陵址后就改名叫天寿山了。

从朱棣在北京选陵址这件事，就可看出他有迁都的心思。按照中国传统，皇帝的陵墓一般修建在他主要的政治活动场所，所以迁都北京势在必行。

从这时候起，朱棣又做了三件大事，都跟他迁都的安排有关。

第一件大事，加强北京的防卫。朱棣要迁都北京，首先想到的是安全性的问题。从这一年起，朱棣一下子在北京北面增设了十个卫，然后又在北京城里和附近增设了十个京卫。

第二件大事，迁徙富户到北京。明朝建立以后，北京失去了元朝时大都的地位，经济文化等各个方面也就衰败了许多。朱棣要想把这里建成首都，就得让北京有个首都的样子。一个是要人口多些，另一个是要这些人家有财产。

第三件大事，疏通漕河，漕河就是大运河。北京一旦成为首都，人口就会有很大增长，吃穿用度都会成为问题。当时明朝最富裕的地方还是江浙一带，朱棣要迁都北京，就得依靠江浙一带的粮食供应。当时最便宜、方便的运输方式就是用船运输，所以朱棣就下令修通已经淤塞不通的当年隋炀帝修的大运河，利用这条运河南粮北运。

运河工程大约从永乐九年（公元1411年）开工，直到永乐十三年（公元1415年）才正式完工。一切准备就绪，朱棣终于可以正式宣布他的迁都计划了。

2. 兴建北都

永乐十四年（公元1416年）农历十一月十五日这天，朱棣把大臣们召集到一起，宣布迁都北京的计划。没有人提出异议，于是从这时起，就正式开始了北京城的建设。

今天北京的老人们还会讲刘伯温和姚广孝修北京城的故事，说他们是这偌大的北京城的总设计师。传说为了北京城的设计，二人煞费苦心。有一天，刘伯温和姚广孝到街上溜达，结果他们都在路上看到了哪吒。二人回去后，各自画了设计图，结果都一样——都是按照哪吒的形象设计的，一个头，八只手，两条腿，所以北京城又叫八臂哪吒城。这个传说当然是没有根据的。修建北京城时，刘伯温已不在人世；正式动工修建北京城的第二年，姚广孝也去世了。所以，刘伯温和姚广孝都没有主持北京城的建设。

据史料记载，负责北京工程的是一个名叫阮安的宦官。他虽然没有八臂哪吒的设计思路，但是他设计的北京城中轴线成为中国城市建设史中的宝贵遗产。

那么这条中轴线有多少神秘的内涵呢？考古工作者和地质工作者通过遥感照相技术发现，这个中轴线上的三大殿，即今天的太和殿、中和殿、保和殿，当时叫奉天殿、华盖殿、谨身殿，和殿下面的石阶，构成了一个“土”字。因为中国是农业大国，国家的基础就是有土有民。皇宫构成一个“土”字，也就象征着拥有天下。皇宫建设的起点是天安门，天安门的左边是太庙，右边是社稷坛，这就像是一条龙的头部和两只眼睛。从端门、午门再向后延伸，出了御花园、玄武门，直通钟鼓楼，再向德胜门，形成一个长条形建筑群，就像是一条龙；这条龙的西面，由后海、北海、中海和南海组成了一条水龙。龙头都对着一个地方，就是今天的前门。前门瓮城是一个圆形建筑，就好比一个火球。两龙一球，即二龙戏珠。

永乐十八年（公元1420年），北京城和皇宫的工程基本完成，朱棣在这一年下诏宣布迁都北京。永乐十九年（公元1421年）农历正月初一那一天，正式将国都从南京迁到北京。

朱棣在迁都诏书中这样说（《明太宗实录》卷二三一）：

乃仿古制，徇舆情，立两京，置郊社宗庙，创建宫室，上以绍皇考太祖高皇帝之先志，下以贻子孙万世之弘规。

3. 三殿之灾

永乐十九年（公元1421年）农历四月初八那天，北京城出现了雷雨大风的极端天气。朱棣和官员们刚在新建的皇宫中上过早朝，到了中午时分，一阵惊雷当头响起，紧接着，新修建的大殿被雷击中，顿时燃起大火。内阁官员们指挥侍卫救火，但只能冒火抢救出一些重要图籍，堆放在东华门外，而新建成的三座大殿在大火中化为废墟，于是各种反对迁都的说法就流传开来了。

朱棣没有办法，只能按照传统，承认这起事件是上天示警，下诏“修省求言”。于是一些官员趁机提出“迁都北京非便”，说这场灾难是由迁都引起的。

其实朱棣早就料到会有这种情况发生，所以他下诏的时候给官员们划了一个范围，只能谈这几个方面的问题：一是敬天事神有没有失误；二是按祖宗之法处理政务有没有失误；三是用人有没有善恶不分；四是刑狱有没有冤案；五是有没有忠奸不分；六是有没有过度浪费；七是有没有租税太重，徭役不均；八是是不是用兵无方，粮饷匮乏；九是有没有工作过度，造成民力凋敝；十是有没有奸人当权，官府不作为。

可是那些官员一直想说迁都之事，如今时机已到，不少人上书批评迁都，引发了一场大争论。一个名叫萧仪的官员上书反对迁都的言辞最为激烈，朱棣以诽谤罪将他处死。可是反对派官员们仍不肯罢休，他们不再攻击朱棣，改去攻击当政的大臣，说他们给皇上出坏主意，才造成今天这个结果。朱棣只好让官员们跪在午门外面辩论，局面一时不可收拾。

这时候一个名叫夏原吉的户部尚书站出来承担责任。他说："官员们应诏上书，没有错。错在于我们这些大臣不能劝导皇帝，我们来承担责任。"反对迁都的官员见夏原吉虽然没有说迁都对还是不对，但是承认不应打击上书官员，情绪也就缓和了许多。倒是那些支持迁都的官员责怪起夏原吉来，说他违背了大家商量好的决定。夏原吉解释说："我们在皇帝身边，一心为国，即便有点错也能得到皇帝谅解。如果应诏上书的官员们因此获罪，今后谁还敢说话，那国家的损失可就太大了。"

这场大火把三大殿烧成了一片废墟，朱棣只能在奉天门，即今天的太和门上朝，一直到他去世。

朱棣死后，他的儿子明仁宗朱高炽即位，他也没有去修这三大殿。到明宣宗即位，又宣布以南京为京师，北京又叫北平了。不过他没有搬回南京去，而是住在北京。直到明英宗即位，才又正式以北京为京师，并且重新修建了皇宫中的三大殿，北京的首都地位才稳定下来。

到了朱棣曾孙明英宗当皇帝的时候，发生了一件大事，历史上叫“土木堡之变”。那时明英宗被瓦刺俘虏，瓦刺兵临北京城下。当时有人主张放弃北京南迁，可是著名的爱国英雄于谦坚决反对，他说：“文皇定陵寝于此，示子孙以不拔之计也。”率领北京军民，坚守北京，保证了国家的统一。

朱棣传

第二十四章 西南风云

1. 奢香传奇

朱棣迁都北京，目的是解决北方的问题。可是这样一来，又有了一个新的问题。迁都北京以后，距离南方又远了，南方的事情怎么办呢？

一方面，明朝的主要不稳定因素来自北方；另一方面，朱棣也没有放弃南方，而且还在南方办了几件大事。

这里面有两件大事最值得一说，一件好事，一件坏事。好事在历史上叫作“开设贵州”，即正式设立贵州省。永乐十一年（公元1413年）农历二月，明朝正式设立了贵州布政使司。

在设立贵州省之前，西南地区的广西、云南、四川都已经设立了布政使司，那么为什么贵州一直没有设省呢？这还得从朱元璋时代说起。

云南和贵州紧密相连，可是情况并不完全相同。朱元璋统一全国的时候，云南是由元朝的梁王控制的，是元朝的一部分，所以朱元璋一定要攻下云南，并且在那里设置行政机构管理。贵州的情况不一样，那里没有像云南那样由元朝的藩王管理，而是由当地的土司管理。当地的宣慰使名叫霭翠，宣慰同知名叫宋钦。所谓的宣慰使、宣慰同知，都是元朝政府专门授给当地少数民族首领的官职，也就是“土司”。

朱元璋建立明朝以后，贵州的土司就向明朝投降了。朱元璋也授给了他们原来的官职，还让他们管理当地的事务。等到朱元璋派军队攻入云南的时候，贵州宣慰使霭翠和宋钦恰巧先后去世，按照当地的习俗，就由霭翠的妻子奢香和宋钦的妻子刘淑贞代替丈夫做了当地的土司。

云南被明军攻陷后，朱元璋设置了云南布政使司。此时，明朝政府有心在贵州实行“改土归流”，把土司官改为朝廷的流官。土司官虽然也要由朝廷委任，但是世袭；流官则是不世袭的朝廷正式官员。由朝廷命官来管理当地事务，虽然也会有少数民族首领参与管理部族的情况，但是朝廷对当地的管理会加强很多。

当地的官员知道朱元璋的这个打算，就想用武力解决少数民族自治问题，实现“改土归流”。

镇守贵州的军官是一位都督，名叫马烨，他想趁霭翠和宋钦去世的机会解决土司问题。他无事生非，找了个事端把奢香抓了来，脱光她的衣服鞭打凌辱。这样一来果然激怒了当地居民。人情汹汹，马上就要发生叛乱了。

刘淑贞是一位很有心计的女性，她知道马烨的用意，就和奢香一起安定下属，让他们不要轻举妄动，自己则火速赶往南京去见朱元璋。刘淑贞不仅见到了朱元璋，还受到皇后的接见。她向朱元璋和马皇后汇报了当地的真实情况，于是朱元璋让人把奢香接到了宫中。

马皇后一见到奢香这个年轻漂亮的女土司，就心生欢喜，她和朱元璋一起问明了情由。朱元璋对奢香说：“马都督欺辱你，我可以为你报仇杀掉马都督，可是你又能为我做些什么呢？”奢香说：“我可以保证贵州世代忠于朝廷，永不为乱。”朱元璋说：“这是你当土司守土的本分呀，你还能为朝廷做些什么呢?”奢香接着说:“我还可以为朝廷修一条驿道，通往四川，让朝廷对这里的统治更为便利，也可以证明我们对朝廷的忠心。”于是朱元璋杀了马烨，奢香也真的修建了驿道。朱元璋时代的贵州很稳定，因此一直没有设立贵州省。

2. 开设贵州

到朱棣当皇帝后，情况开始有了一点变化。先是永乐六年(公元1408年)农历六月，袭任贵州宣慰使的宋斌上奏说当地有些人跟一个名叫宋阿祆的部族首领一起，不肯缴纳赋税，请朝廷派兵征讨。

当时主持贵州军务的是镇远侯顾成。顾成并不想扩大事端，只想求得稳定，在用兵的同时，宣谕朝廷对当地安抚。如此一来，其他各寨少数民族首领都表示归附，唯独宋阿祆不服。他就学着当年奢香、刘淑贞的样子，前往京城去见朱棣申诉。可是这一回没有成功，朝廷以“验治皆妄”为由，把他给杀了。

两年以后，也就是永乐八年(公元1410年)，贵州的思州和思南又先后发生了一些事。

思南的宣慰使死了，他的儿子继承了宣慰使的位置。新宣慰使与原来的副使不和，两人整天向朝廷互相告发。朱棣为了缓和他们的矛盾，把副使调去辰州任土知府。可是两人分开后，矛盾仍未缓解。后来思南土司跟思州土司争夺地盘，发生冲突，辰州土知府就去帮思州土司，率众攻打思南，并打败了思南土司，杀了他的弟弟，挖了他的祖坟。

思南土司被打败后无力反击，只好进京面见朱棣，让朝廷替他做主。朱棣便下令让思州土司和辰州土知府进京对质。这两个土司知道自己有错，不敢进京，躲在当地不出来。这下朱棣有机会了，他派顾成率军压境，造成声势；同时又秘密命令顾成派少量干练的高手，潜入思州、思南地区，将几个土司全部捉到，押送至京城。

朱棣对朝中的官员们说："当初命当地土司管理贵州，以为他们是当地人，一定能为当地着想，保持安定。谁知他们却成了当地人的祸害。现在这些土司都被我治罪了，我想还是要加强对当地的管理，设置府州县。"

永乐十一年（公元1413年），一套"改土归流"的方案正式出台了。这个方案保留了比较稳定的贵州宣慰司，撤销思南和思州两个宣慰司，分设八个府，并且设立贵州布政使司，管理所属八府，正式任命了贵州省和下属府州县的官员。

但是思州的问题还没有从根本上解决。当地土司被抓到京师以后，他的妻子就挑唆部族首领叛乱。朱棣知道这些情况后，派顾成率军前往平乱。朱棣要求顾成在年内解决问题，但是同时要求他以召谕为主，用兵为辅，以免有人从中挑唆，导致民情汹汹，造成朝廷与当地少数民族的对立。

这一年年底，顾成率领朝廷军和当地少数民族土兵，将思州的叛乱平息了下去。从此，朝廷不仅在贵州正式设立了省级行政机构，并且开始了对当地的有效管理。

3. 用兵安南

贵州省设立之前，朱棣还在西南设立了一个很特殊的省——交阯布政使司。这就是他干得一件不大好的事情。

交阯布政使司，即今天的越南共和国北方地区。在没有设为明朝的一个布政使司之前，这里叫安南。

朱元璋时期，安南国王姓陈，但是国家大权掌握在黎姓大臣手里。到了明朝建文年间，这个姓黎的权臣把陈氏的人都杀掉了，自立为皇帝。他附会说自己是舜的后裔胡公满的子孙，所以把国号改为虞舜的虞，自己改姓胡。他派人入朝觐见建文帝，说陈氏家人已绝，由胡氏掌理国事。当时正是“靖难”之役打得不可开交的时候，谁也顾不上这些事。直到朱棣当上明朝皇帝，才开始对安南的事情关注起来。

朱棣登基之初，安南派了使臣前来朝贺，奏书上还是说陈氏已绝，胡氏掌国，意思是要让朱棣正式承认胡氏为安南国王。朱棣让礼部处理这件事情。礼部觉得事关重大，主张调查清楚后再做决定。可是胡氏这时候已经控制了安南国政，调查的结果自然跟他说的一样。朱棣只求稳定无事，便顺水推舟，同意封胡氏为安南国王。

可是事情就是这样，越希望没事，就越是有事。第二年秋天，一名安南国的旧臣装扮成商人辗转来到南京，向朱棣报告了胡氏杀戮陈氏的真相。他还引用了中国先秦时代申包胥请秦兵复国的典故，恳请朱棣派兵安南。

朱棣不愿多事，就把他安排在朝中，对安南的事也未做处理。谁想又过了几天，老挝宣慰使居然送来一个年轻人，说他就是陈氏后人陈天平，同时也报告了安南国的真实情况。朱棣一时难辨真假，也把他安顿下来，等安南国的人来人再说。到了这一年年底，安南使臣入朝朝贺，朱棣就安排了一次特殊的见面。

这个陈天平一露面，安南的使臣们都惊呆了。有人不由自主下拜，也有人当场落下泪来——这个陈天平是真正的陈氏后裔。这下事情就麻烦了，朱棣只好再做安排。他让使臣送陈天平回国，同时封胡氏为一个太郡的上公，世代相传，跟国王也差不多。谁承想，陈天平一行人走到一处山林危要之地时，伏兵四起，陈天平被劫杀。几名送行的明朝官员也在混乱中被杀。

朱棣勃然大怒，决心出兵安南，兴师问罪。明朝的军队分为两支，一支由“靖难”功臣成国公朱能率领，从广西进入安南；另一支由西平侯沐英率领，从云南进入安南，协助朱能作战。让人意想不到的是，成国公朱能突然病故于军中，年仅三十七岁。朱棣只好重新选将，任命张玉的儿子张辅作为将军领兵继续出征。

张辅继任大将军后，表现出了杰出的军事才能。他把军事上的进攻和心理攻势结合起来，一面强攻关隘，一面发布问罪文书，列举黎氏罪行，很快就起了作用。张辅命人将罪行写到竹木牌上，然后放到江水中，让其顺流而下，下游的人随手可得。竹牌上的内容简单明了，从黎氏杀国王陈氏，写到杀陈天平；从黎氏欺辱各地土司，写到他攻打占城，一共二十条罪状，清清楚楚。再加上黎氏在当地也确实多行不义，民心厌恶，在张辅这番攻心战之下，他手下的人也没有了斗志。到了永乐五年（公元1407年）农历五月，明军在海上大败黎氏，将其父子二人擒获，朝廷军大获全胜。

这场战争结束后，安南面临着一个新问题——安南的国事由谁来管理呢？有人提议，在安南设置郡县。安南国内一些比较有影响力的社会名流们也联名上书，要求内属，设置郡县。于是朱棣头脑一热，就设立了一个新的省份——交阯布政使司。

交阯省是建立起来了，但是当地的首领和民众的态度并不像那些社会名流一样。他们虽然对黎氏不满，但是安南自五代以来已独立成国数百年之久，突然之间变为明朝的一个省，他们在心理上还是不能接受。

就在张辅撤军一年后，当地便发生了叛乱。朱棣不得不再派张辅出师。一年以后，永乐七年（公元1409年），张辅再次平息了当地的叛乱，向朝廷告捷。有趣的是，张辅的这份捷报跟丘福在胪朐河的败报被同时送到朱棣手中。此时的朱棣已经顾不上交阯的事情了，张辅也因此被交阯的事情拴住，不得脱身。

从此安南就没有多少时间是安宁的了，一直到明宣宗时代，才决心放弃交阯，承认当地为独立王国。

朱棣传

第二十五章

帝王家事

1. 汉王谋嫡

交阯设省以后，当地府、州、县的官员也由朝廷安排，可是谁也不愿意去这个山高水远的地方做官。到这里做官，在当时跟充军发配差不多。这一天，一个新的官员来到了交阯。这个官员可不是一般人，他就是大名鼎鼎的前任内阁学士，当朝才子解缙。原来解缙牵扯进帝王的家事中了。

当年朱元璋就因为没有安排好皇位继承的事情，才引出了朱棣造反夺位。现在朱棣当了皇帝，他也面临着如何安排皇位继承人的问题。

朱棣一共有四个儿子，其中小儿子很小就病死了。大儿子叫朱高炽，生性忠厚，有点像朱元璋的大儿子朱标。当年朱元璋就很喜欢他。有一次他和别的亲王世子们分头去阅兵，朱高炽回来得最晚。朱元璋问他什么缘故，他回答说："早晨太冷，我让士兵们吃过早饭才开始阅兵的，所以回来晚了。"朱元璋一听就知道，朱高炽有爱惜将士之心。朱元璋让他跟其他世子们一起分阅官员们的奏章，他看完了以后交上来，里面的文字错误一个也没有改。朱元璋以为他忽略了没有发现，问他奏章情况时，朱高炽回答说："里面虽然有些文字错误，但都是小事，其中关于国家百姓利弊的大事，才是不可忽略的。"朱元璋听了，很高兴，说他有人君之识。

从这些记述来看，朱高炽很像朱元璋的太子朱标和太孙朱允炆。不过朱高炽并不像他们那样仁柔，当初朱棣造反的时候，李景隆率大军攻打北平，就是由朱高炽和他母亲，即后来的皇后徐氏，一起守住了北平。史书中也说他善射，"发无不中"。可是朱高炽后来身体发胖，行动都不灵活了，打天下的时候，他也不在朱棣身边。当时朱高煦整日待在朱棣身边，时间久了，朱棣便觉得这个儿子勇武能战，在朱棣心目中的地位，就慢慢比老大要高一些了。

老二叫朱高煦，生性勇武，可是品行不端。当初朱棣起兵夺位，与朝廷军队作战的时候，老大留守北平，老二就跟在朱棣身边。在一次战斗中，朱棣正感到疲惫的时候，老二朱高煦赶到了。朱棣拍了拍他的肩背说："我太累了，你努力去打吧，你哥哥多病身体不好。"这是在暗示朱高煦，如果打下天下来，有可能让他当继承人。朱高煦当然理解朱棣的意思，他拼命冲杀，在"靖难"之役中立了不少的功劳。

按照传统制度，皇位继承要立嫡立长，就是要立皇后生的大儿子为太子。朱高炽、朱高煦都是徐皇后生的，都是嫡出，那就得在其中选年长的，所以朱棣就应该立大儿子朱高炽为太子。可问题是朱棣当初暗示了老二，老二这时就等着朱棣兑现当年的承诺了。

朱高炽在朱元璋时代，就被正式封为燕王世子，亲王的世子，就是燕王的王位继承人。虽说后来建文帝废去了朱棣的王号，朱高炽的世子封号也被废掉了，可是他毕竟当过世子，燕王朱棣当上了皇帝，他理所当然是太子。

2. 皇储难定

朱棣当了皇帝以后，并没有像当年的朱元璋那样，登基当天就册封皇后，立太子。他当皇帝后，立了皇后，但没有立刻立太子。他这边拿不定主意，那边的文武官员们就把这事当成了一种暗示：朱棣是不是不打算立长子朱高炽为太子？如果不立朱高炽，那立谁呢？不用说，那就是朱高煦了。这一来可就出问题了，朝廷的官员们就分成了两派，一派支持立朱高炽，一派支持立朱高煦。这两派还分得挺清楚，朝廷中的文官们都支持老大朱高炽，朝廷中的武官们大都支持老二朱高煦。

文官们的理由很简单，立嫡立长，非朱高炽莫属，所以他们不断上疏，请求尽早立储。

武官们的理由也很简单，朱高煦在夺位中立有大功，所以应该立他为太子。

功臣当中也有少数人支持朱高炽，兵部尚书金忠就是其中一个。他在朱棣面前列举历代立嫡立长的事例，主张不要违背传统。还有一个就是当年救过朱棣的功臣隆平侯张信。朱棣跟他商量立太子的事情时，表示有意考虑老二朱高煦，张信很不高兴地说道："这算什么？这件事关系到天理，怎么能胡来呢！”

朱棣还是拿不定主意，就找了个机会问近臣解缙。解缙当然支持立朱高炽，他说：“皇长子仁孝，天下归心。”朱棣听了，没有说话。解缙见他还下不了决心，就又说了一句话，这下把朱棣打动了。他说：“好圣孙。”意思是让皇上别忘了，他有一个好孙子。

朱棣特别喜欢他的孙子，也就是朱高炽的儿子，后来的明宣宗朱瞻基。解缙深知这些情况，所以专门找关键的话说。朱棣终于决心立朱高炽为太子了。

传说有一天，朱棣看到宫中有一幅《虎彪图》，画的是一只大老虎回过头去看身边的一群小老虎，他便让群臣以这幅画为题作诗。解缙是著名才子，他随口说道：“虎为百兽尊，谁敢触其怒？惟有父子情，一步一回顾。”（陈沂《畜德录》卷一）这进一步打动了朱棣，他终于下定决心立老大朱高炽为太子了。

永乐二年（公元1404年）四月初四，朱棣正式册立朱高炽为太子，同时把老二朱高煦封为汉王，老三朱高燧封为赵王。

这下朱高煦不干了，他说了：“我有什么罪呀？为什么要把我发配几千里呀？”他硬是待在京城，不肯前往封地。朱棣知道自己这个当父亲的理亏，也不好硬让他去，结果一拖就是多年。朱高煦不但不去封地，而且不断向朱棣要这要那，有夺嫡之意。

很多人都看出这些问题，可是谁也不敢说。只有解缙忍不住要说上两句，他对朱棣说，不能给朱高煦特殊待遇，这样做是鼓励他争夺储位。朱棣怎能不知道！这件事让他很头疼。听了解缙的话，朱棣不由大怒，骂解缙说：“你这是离间我们骨肉呀！”这跟当年有人劝朱元璋时，朱元璋说的那番话一模一样，于是解缙就成了这场夺嫡之争的第一个牺牲品。

第二年，永乐五年（公元1407年），朱棣找了个理由，以有人告发解缙担任廷试主考官“读卷不公”之罪，把他赶出内阁，派到广西做布政使司参议去了。

解缙这个人，才高气盛，得罪了不少人。于是有人趁这个机会落井下石，说他有怨言，于是朱棣又加重了对他的处罚。这时候正好设立了交阯布政使司，于是朱棣就把解缙改派为交阯布政使司参议了。

解缙在交阯一待就是三年，永乐八年（公元1410年），解缙入京奏事。这时候朱棣正好去北京率师亲征，他没有见到皇帝。当时太子朱高炽正在南京监国，管理国家日常工作，于是解缙朝见了朱高炽后就回去了。朱高煦抓住这个机会，上告解缙，说他趁着皇帝外出，私自去见太子，没有遵守做臣子的规矩。朱棣最怕文臣们跟太子私下往来，形成太子党。他当即就下令将解缙入狱治罪，并且追究同党，牵连了不少的官员。解缙被关在诏狱中多年，最终还是被朱棣杀死在狱中。

解缙死后，朱棣将朱高煦改封到青州。可是朱高煦还是不肯去，朱棣没办法，只好又改封他到乐安。

朱高炽这个太子当得实在太窝囊了。只要官员跟他走得太近，就必然要倒霉。

朱棣不在南京的时候，朱高炽受命在南京监管日常朝政。有一个军官夺取老百姓财物，被治罪谪贬到交阯去。后来朱高炽念他有军功，改判他用钱赎罪。结果赵王朱高燧身边的宦官就告朱高炽放纵有罪之人，朱高炽身边又有一批官员被抓被杀。

看来赵王朱高燧也觊觎着太子之位。其实朱棣是最喜欢小儿子朱高燧的。一些宦官们看出这一点，就想帮助赵王朱高燧夺嫡。这样一来，朱高炽这个太子的地位可就真的岌岌可危了。

这位岌岌可危的太子朱高炽始终没有被废掉，而且最终继承了皇位。然而他命苦，只做了短短一年的皇帝。

朱棣传

第二十六章

最后征途

1. 疾病缠身

史书中一般只说朱棣晚年多病，其实他早就有病了，应该说他一直都是一个疾病缠身的人。据史料记载，朱棣在洪武十九年（公元1386年）得了一场很难治的大病，史书中称之为“瘕”。

朱元璋知道这个四儿子在北平得了重病，很不放心，就让身边最好的御医去给朱棣治病。这个御医名叫戴原礼。戴原礼到了北平，见到了朱棣，又看了医生们开的药方，他百思不得其解。在疑惑之时，他突然想起一件事，就连忙问道："殿下您吃东西有什么嗜好吗?"朱棣说："我爱吃生芹。"戴原礼一听，恍然大悟，说道："我知道殿下得的是什么病了。"他当即给朱棣开了一服药煎好服下。这天晚上，朱棣腹泻不止，排出了不少细蝗，病立刻就好了。

史书中再次见到关于朱棣生病的记载，是在朱棣起兵夺位的前夕。朱允炆登基后开始削藩，他首先削废了朱棣的同母兄弟周王朱橚，朱棣见此便藏在燕王府里称病不出。这时候，朱棣的三个儿子都被朝廷扣为人质，朱棣于是借口病情严重，请求朝廷允许他的三个儿子回北平。

建文元年（公元1399年）农历六月，朝廷方面听说朱棣有病，半信半疑，便派人去看。此时正是暑热逼人之时，朱棣却坐在火炉旁边，裹着被子，浑身颤抖叫冷。虽然有人说，他这是在装病，可是他为什么一定要装这种畏寒的病呢？他是不是真的有这样的疾病呢？朱棣在燕王府捉拿朝廷派去的官员时，仍然拄着拐杖，一副病态。不过他把朝廷派去的官员抓起来后，却说了这样一句话："我哪里有什么病？我是迫于奸臣陷害，不得不如此！"他的病到底是真的，还是假的呢？此后的几年，朱棣起兵“靖难”，史书中不见了关于朱棣疾病的记载。

到朱棣夺位当上皇帝后，史书中又记述了一段他与他人关于治病和养生之道的谈话，他说：“人只要能够做到清心寡欲，让自己气和体平，疾病自然就少了。就算你按照神仙的指点去服药，去做气功导引，也不过是少得病，不可能长生不老。近来还有人想通过求神拜佛求得长寿，那就更可笑了。”跟他讨论这个问题的人是当时朝中一位姓蒋的太医。蒋太医还从中医角度论述治病养生之道，说健康的根本在于养正气，保元气，这样邪气就不能侵入了，而且嘱咐朱棣，治病不要太过于着急，过急反而伤了身体。

通过这次谈话可知，朱棣这时候显然是有病的。他不但有病，而且他自己也察觉到病情越来越重，身体每况愈下。医生们大都认为他患的是痿症，或者说是风湿。

永乐七年（公元1409年），朱棣当了皇帝以后第一次回到北京，他让道士廖均卿看好风水，选定了北京昌平的黄土山，开始动工修建长陵。这时候又发生了一件有意思的事情。

一位名叫盛寅的江南名医，因为犯了错，被罚到长陵干活儿。监督工程的功臣觉得他的身份跟一般工匠不太一样，就让他当了个临时的工程记录员。

这位盛大夫在江南行医的时候，曾经给一个到江南督办花鸟的太监治好过病，这个太监此次恰好又到陵地来当监工，见到盛大夫，很是高兴。这位太监有个上司，生病久治不愈，于是他就请盛大夫去给看看。盛寅去看了病，开了药。结果大太监吃过药后，病就好了。

这一年春天，朱棣在宫中举行射箭比赛，这个大太监久病初愈，也跑去看比赛，正好被朱棣看到。朱棣问："都说你死了，怎么又活了？"于是这个大太监一五一十地把盛寅给他看病的经过说了一遍。朱棣一听，说："好啊，让他来给我看看病吧。"于是就把盛寅召到宫中，给朱棣看了病。

盛寅给朱棣看过后，说道："从皇上的脉象来看，应该是得了风湿病。"朱棣听后，觉得很有道理，说："我年轻时北征出塞外，整年在风寒之中，为阴寒所侵，所以会有这样的病。"盛寅给他开了药，他吃过后也确实见效果。于是朱棣下令赦免盛寅的罪，把他留在宫里当了御医。

永乐十二年（公元1414年），朱棣第二次北征回到北京，再一次发病。本来他应该回南京去，结果也回不去了。史书记述说，这一次他病了将近两年时间。经过许多医生治疗，也不管用，后来还是一位名叫曾辰孙的道士给他治好了病。据这个道士说，他是因为求了徐知证、徐知谔两位道教的真君，在梦中得到两位真君的指点，才开出这样的灵丹妙药。这件事情的结果，就是朱棣封“二徐真君”，在北京修了灵济宫，后来又大修武当山。

2. 三次北征

英武盖世的永乐皇帝朱棣竟是个病人，而且早在青年时代他就患了病，到了晚年，病情更加严重。可是朱棣的性格是不会向疾病屈服的，于是他虽然身有重病，仍然决定再次亲征。

迁都北京的那年冬天，朱棣开始着手准备第三次北征。他让各部尚书一起商量一下，拿出个意见来。六部尚书中除了工部尚书没来，吏、户、礼、兵、刑五部尚书都来了。五部尚书商量了一番，拿出了一个统一的意见：目前国力匮乏，需要休兵养民，不宜出师。

这时候朱棣还不知道他们商量的结果，碰巧有事找兵部尚书方宾，就顺便问起北征的准备情况。方宾没有直说不宜出师，他婉转表示，现在粮草不足，如果出师，会造成粮食的缺乏。

朱棣又找来户部尚书夏原吉，问他粮食储备情况。夏原吉是永乐朝的名臣，说话也很直。他直截了当地对朱棣说：“如今灾害频发，朝廷内外都已经疲惫无力了。况且皇上身体也不好，疾病缠身，也需要休息治疗啊。”不过夏原吉还是给朱棣留了个台阶，“如果一定要出征，那就派将领们去吧，您就别去了。”

朱棣更不高兴了，朱棣说：“既然粮储不足，你身为户部尚书，就去想办法解决粮草问题吧。”

朱棣又找来刑部尚书吴中，问他对北征的看法，结果跟夏原吉和方宾一样。朱棣一下子就明白了：原来你们早就商量好了，一起抵制北征的安排。一怒之下，朱棣就把夏原吉和吴中抓了起来。方宾一看事情闹大了，心里害怕，干脆上吊自杀了。

方宾死后，朱棣的火气更大了，下令将方宾戮尸；还抄了夏原吉的家。别看夏原吉担任户部尚书多年，管理着全国财政、赋税、粮食、田地这些最来钱的事务，可是在他的家里只抄出了几件布衣服和一些粗瓷瓦器，连一件值钱的东西都没有。朱棣本来是想杀掉夏原吉的，看到这种情况，再加上内阁的大臣都力保夏原吉，便饶了他一命。

礼部尚书吕震见朱棣发怒，不敢再坚持了，改口支持北征。在朱棣强力地推行和对反对北征官员们的打压之下，他终于开始了第三次亲征。

永乐二十年（公元1422年）三月，鞑靼在阿鲁台率领下，攻打边城，杀死守城的都指挥使，这给了朱棣北征充分的理由。史书中记载了这次出师的情况：数十万大军，后面跟着驴马三十四万匹，车辆十七万七千五百多辆，民夫二十三万五千人，在一万多名骑兵保护下，运送三十七万石北征军饷。

一看数字，就能理解夏原吉他们的坚持了。迁都北京的花费本来就够多了，再加上前两次的北征，国家财政确实已经有了很大困难。在当时，北京的周边和山东的负担最重，山东还因此发生了著名的唐赛儿起义。

唐赛儿是一位传奇式的女子，不仅美丽，而且会法术。据说起义失败后她当了尼姑，但是朱棣派官员们找遍了天下的寺庙，也没有找到这位传奇女子。所以唐赛儿的下落，也就成了明史中的无解之谜。

可是不管怎么说，朱棣还是开始了第三次亲征。朱棣知道，北方的情况已跟他前两次出征时不一样了——鞑靼和瓦剌都已不能再给朝廷造成威胁，所以这次出征，他沿途射猎、阅兵、演武，一走就是三个月。等他们来到大漠草原，根本就见不到敌人的踪影了。朱棣接到报告，阿鲁台已经跑到朱棣大军的后面，去攻打明朝的边镇了。

不过朱棣一眼就看穿了阿鲁台的目的，这是调虎离山的牵制战术。朱棣当然不会上当，他告诉部下，不要理睬，继续北进。果然，阿鲁台只好回师解围。

阿鲁台当然知道自己无力对抗明朝大军，再加上他的母亲和妻子都反对他跟明廷作对，于是他丢弃辎重，率众北走，避而不战了。

这时已经是农历七月，军队已经出来四个月了，粮草殆尽，无力再向北追敌，朱棣决定班师还朝。

可是这么大动静的一场出征竟然一仗没打，朱棣心有不甘，他决定在回师的时候顺便攻打一下朵颜三卫。朵颜三卫本来就不是朱棣的对手，再加上毫无准备，一战下来，溃不成军。朱棣大获全胜，得胜还朝。直到这一年九月，朱棣才回到北京。这时他已经出征半年。

3. 一意孤行

朱棣这次回朝后，搞了一次奇怪的庆功活动。他把出征的人分成了四等：第一等是有功无过者，坐前列，吃高等餐；第二等是功过相抵者，坐次列，吃中等餐；第三等是无功无过者，坐下列，吃下等餐；第四等是无功有过者，只准在一旁站着，不给吃的。朱棣说，他之所以这样做，就是要让官员将士们知道以后应该怎么做。朱棣这是还要出征呀。

果然，回来不到一年，永乐二十一年（公元1423年）农历七月，朱棣又率领三十万大军，开始了第四次亲征。

这时候朱棣的身体状况已经很差了，出征前，他又发了一次病，史书中说他病重几危。可是到他率师出发的时候，他又精神焕发，好像从来没得过病似的。朱棣实在是天生的战士，他从出生的那一刻就跟战争结缘，终生离不开征战：一打仗就精神，一不打仗就得病。

这一回出征比起上一回来，还要盲目，因为根本没有敌人来。

朱棣途经宣府时，接见了一位朝鲜国使臣。这位使臣向朱棣汇报说，他们那里跟女真人发生了冲突。朱棣就问："那结果呢？"那人回答说："人跑了，没有抓到。"朱棣问："怎么没抓到呢？"使臣回答："跑到大山森林里去了，没法找。"这时候站在一边的内阁官员杨荣开口了："我们这次出征，敌人见皇上来了，也跑得无影无踪，看来跟你们那儿一样啊。”几十万军队，在草原大漠上漫无目的地进军，能有什么样的结果，朱棣心里也没数。

朱棣决定派三千骑兵深入北方，去碰碰运气。他还真是有点运气，此时鞑靼部一个名叫也先土干的王子，因为跟阿鲁台不合，主动率部前来归附朝廷。也先土干一行来到后，朱棣给了他们极高的待遇。他赐给也先土干一个汉名——金忠，并且封他为忠勇王，还把宴会用的金质餐具送给了金忠。这时候朱棣发表了一番酒后讲演，他一向以唐太宗自比，这会儿却批评起唐太宗：“当年突厥入朝，唐太宗说胡越一家，那是有点自大得意，我不赞成。我是要让天下的人都按照自己的意愿生活，全国安定，甲兵不用。这才是我的志向。”

第二天班师回朝，朱棣特别兴奋，他骑在马上，跟金忠并辔而行，一路上问了许多鞑靼、瓦剌内部的事情。

朱棣回到居庸关后，特地换上了衮龙金绣袍，骑在一匹玉龙花马上。全军上下，仪仗整齐，连绵数十里。当地百姓夹道欢呼，“万岁”之声响震山谷。这是朱棣北征回师最辉煌的一次，也是他最后一次凯旋。

4. 遗恨荒原

如果事情到这里就告一段落，应该算是不错的结尾。可是事情偏偏不如人意，朱棣才回到北京两个月，阿鲁台就袭击了大同。

官员将士们知道朱棣热衷于亲征，知道他不管谁反对，都要一意孤行。方宾已经被死后戮尸，夏原吉还被关在监狱里面，于是所有人都投其所好，文武官员齐齐发出出征的呼声。尤其是刚刚归附的金忠，一心想立战功报答朱棣的知遇之恩，更热切地表示自己愿意在这次出征中担任先锋。

朱棣即使不想出征，也身不由己了，他被一群投其所好的官员们推上了最后的征途。

永乐二十二年（公元1424年）农历四月初三，朱棣第五次率师北征。这一次，朱棣不像以前那样骑在马上，神采奕奕，而是坐在车里，精神萎靡。

军队到达开平时，下起了小雨，朱棣已经没有上次在雨中检阅士兵的兴致。看着那些被雨淋湿的将士，朱棣心底突然生出怜恤之情。

这一天晚上，朱棣做了一个梦，他梦见一个如画像上的天神的人对他说："上天好生，而你却要打仗，再这样执迷下去可是不祥的呀！"朱棣猛地惊醒了，此时正是三更时分。第二天，朱棣就把他做梦的事情告诉了随同出征的内阁官员们。

朱棣说："这是不是上天要保佑阿鲁台他们呀？"

"怎么会呢？"内阁官员说，"皇上您本来就是好生恶杀的，跟上天的意思是一致的。不过……"话锋一转，官员们乘机劝道，"皇上您此举目的是除暴安民，可是如果造成玉石俱焚的局面，恐怕也不好。"

朱棣听出他们的意思了，顺着台阶说："你们的想法跟我一样，我怎么能因为一个罪人，让这么多人跟着倒霉呢？"这时候，朱棣已经打算打道回府了。

但是大军仍然继续向前行进了一段路程，直到六月中旬，朱棣才下令回师。

七月的北国，秋意浓浓。朱棣坐在车里，在浩浩荡荡但却无功而返的北征大军的簇拥下，默默地行进在也可的里速大草原上。队伍休息的时候，朱棣问身边的宦官："什么时候可以回到北京？"

这一条路朱棣不知走过多少遍了，什么时候能回到北京，他会不知道吗？他为什么还要提出这样的问题呢？这是因为朱棣已经生命垂危，他在计算自己为数不多的日子，看看自己还能不能坚持回到北京。沉默片刻之后，他对身边的官员说："东宫历涉年久，政务已熟。还京后，军国事悉付之，朕惟优游暮年，享安和之福矣。"（杨荣《北征记》）东宫，就是太子朱高炽。朱棣这时候真的想休息了，他如果能够活着回去，如果上天还肯给他一些时间，他真的想放弃一切事务，做一个悠闲的老人。但令人遗憾的是，他的这个愿望最终并未实现。

在今内蒙古大草原上多伦附近有一个叫榆木川的地方，这是北国一处再普通不过的地方了，谁也没有想到朱棣会在这里度过他生命的最后一刻。从征的官员和将领们围在他身边，他在生命的最后一刻环视左右，说了这样一句话："夏原吉爱我！"

人世间的事情就是这样，往往那个违背你意愿的人，才是最关心和爱护你的人。可是当你明白这一切的时候，为时已晚。

七月十八日，朱棣死于回师途中的榆木川。他在留下的遗嘱中说（《明太宗实录》卷二七三）：

传位皇太子，且云丧服礼仪，一遵太祖皇帝遗制。

朱棣突然病故，影响到当时的政局。汉王朱高煦一直想要夺嫡，这时候六师在外，朝内情况不明，从征的官员们不敢宣布朱棣去世的消息。他们秘密收集军中的锡器，让人铸成锡棺，将朱棣秘密装殓起来，放在龙舆中，每天照常进膳行礼；同时派人驰奔北京，密报太子朱高炽。

朱高炽得到消息后，连忙派太孙朱瞻基前往迎丧，自己到狱中放出夏原吉，召集官员，在朝中做好了安排。

这时候，朱棣的灵柩已经过了居庸关。他最后一次经过这里时，已长眠于棺椁之中。

评价一个人的时候，常用这样一个词：盖棺定论。现在，也可以给朱棣一个盖棺定论的评价了。

他这个人并不完美：夺位、多病、好大喜功，甚至可以说十分残酷。但是在中国历史数以百计的帝王之中，他不愧是一位佼佼者。作为一代帝王，他的生平功业，在某种程度上超过了秦皇、汉武、唐宗、宋祖，也远远超过了后来的所谓“康乾盛世”。朱棣的一生，比他们更曲折，也更辉煌。

永乐二十二年（公元1424年）农历十二月十九日，朱棣被埋葬到长陵中。朱棣的时代结束了，辉煌也好，曲折也罢，历史已经翻过了这一页，新的一页开始了。